Mario Zeck

"Im Rauch gehn Himmel geschüggt"

Hexenverfolgungen in der Reichsstadt Rottweil

Mario Zeck

"Im Rauch gehn Himmel geschüggt"

Hexenverfolgungen in der Reichsstadt Rottweil

ibidem-Verlag
Stuttgart

Die Deutsche Bibliothek - CIP-Einheitsaufnahme:

Ein Titeldatensatz für diese Publikation ist bei
Der Deutschen Bibliothek erhältlich

∞

Gedruckt auf alterungsbeständigem, säurefreien Papier
Printed on acid-free paper

ISBN: 3-89821-034-0

Printed in Germany

Vorwort

Bei der vorliegenden Regionalstudie handelt es sich um eine leicht überarbeitete Fassung meiner an der Eberhard-Karls-Universität Tübingen im Fach Geschichte eingereichten wissenschaftlichen Arbeit für das erste Staatsexamen. Die zahlreichen Nachfragen aus Stadt und Umkreis von Rottweil haben mich bestärkt, die Arbeit sowohl der lokalgeschichtlich interessierten Öffentlichkeit als auch den an der Thematik der Hexenprozzesse interessierten Kreisen zugänglich zu machen.

Bei den umfangreichen Recherchen zu dem Projekt und schließlich beim Verfassen der Untersuchung standen mir einige Personen hilfreich zur Seite, denen ich an dieser Stelle ein Wort des Dankes schulde.

Zu großem Dank bin ich meinem akademischen Lehrer Herrn Prof. Dr. Sönke Lorenz (Tübingen) verpflichtet, der mich auf das Thema der Hexenprozesse aufmerksam machte und diese Arbeit hervorragend betreute.

Ich bedanke mich bei dem Direktor des Stadtarchivs Rottweil, Herrn Dr. Winfried Hecht, der den Fortgang der Untersuchung mit vielen Anregungen und Hinweisen hilfreich begleitete.

Eine freundliche Zuwendung des Stadtarchivs Rottweil half bei der Finanzierung der Drucklegung. Hierfür sei Dank gesagt.

Für die computertechnische Unterstützung bedanke ich mich herzlich bei meinem Schulfreund Dr. Johannes Heinrich (Wiesbaden), meiner Schwester Ramona Schneider sowie Wolfgang Thiry, (beide St. Wendel).

Für das beschwerliche Korrekturlesen stehe ich in der Schuld zweier Freunde. Ich danke besonders Claudia Mohren (Rülzheim/Pfalz) und Kaplan Patrik R. Schmidt, Dipl. theol. (Neustadt/Wied).

Schließlich sei noch all denjenigen, die mir Hinweise und Anregungen gaben und damit zur Abfassung dieser Arbeit nicht unerheblich beitrugen, herzlich gedankt.

Tübingen, im Frühjahr 2000 M.R.Z.

Inhaltsverzeichnis

Einleitung

Hexen und Hexenprozesse! Selten erfreut sich ein Thema in der breiten Öffentlichkeit - auch in jenen Teilen ohne besonders ausgeprägtes historisches Interesse - einer derartigen Beliebtheit, wie sie gerade dieser Themenkomplex für sich verbuchen kann. Die zahlreichen Publikationen, die den Büchermarkt geradezu überschwemmen, legen hiervon ebenso Zeugnis ab wie das rege Interesse an den Hexenausstellungen des letzten Jahrzehntes, die zu wahren Publikumsmagneten wurden. Genannt werden sollen hier vor allem die 1987 von Richard van Dülmen in Saarbrücken organisierte Ausstellung "Hexenwelten" sowie die 1994 aus einer Zusammenarbeit des Badischen Landesmuseums Karlsruhe mit dem Institut für Geschichtliche Landeskunde der Universität Tübingen hervorgegangene Ausstellung "Hexen und Hexenprozesse im deutschen Südwesten".

Die Beiträge des Instituts für Geschichtliche Landeskunde resultieren aus den meist im wissenschaftlichen Ausbau befindlichen Ergebnissen eines Hauptseminars zum Thema "Hexenverfolgung" unter der Leitung von Prof. Dr. Sönke Lorenz. Auch die vorliegende Arbeit nahm ihren Anfang aus den Anregungen dieses Arbeitskreises.[1] Ihr Thema sind die Hexenprozesse in Rottweil am Neckar.

Im Interesse einer konzentrierten Abhandlung dieses Themas wurde auf eine allgemeine Hinführung und Erläuterung zum Thema Hexen und Hexenverfolgung in der frühen Neuzeit verzichtet. Dort, wo es zum allgemeinen Verständnis notwendig erschien, wurden im Anmerkungsapparat entsprechende Literaturhinweise gegeben.

---

1) M. R. Zeck, Reichsstadt Rottweil, in: S. Lorenz (Hg.), Hexen und Hexenprozesse im deutschen Südwesten. Aufsatzband des Kataloges zur Ausstellung des Badischen Landesmuseums vom 17.09.1994 bis 08.01.1995, Ostfildern 1994, S.381-388.

Zur Bearbeitung dieses regional begrenzten und doch "weiten Feldes" wurde auf die wenige, meist aus dem vergangenen Jahrhundert stammende regionale Forschungsliteratur ebenso zurückgegriffen wie auf die schriftlichen Quellen des Stadtarchivs Rottweil, des Hauptstaatsarchivs Stuttgart sowie auf die Ortsarchive der umliegenden, unmittelbar an das Rottweiler Gebiet angrenzenden Territorien.

Erschwerend wirkte sich auf die Arbeit aus, daß die noch vorhandenen Akten zu den Rottweiler Hexenverfolgungen wenige sind. Der teilweise enorme Schwund erklärt sich durch die Einwirkungen von Kriegen, Archivumzügen, Brandkatastrophen und Kassationen. So werden schon im Dreißigjährigen Krieg von marodierenden Truppen viele Akten des Rottweiler Stadtarchivs vernichtet. 1696 wurde ein großer Teil desselben Archivs durch einen Brand zerstört. Schließlich wurden noch 1810 größere Teile der Akten des Stadtarchivs als Makulatur verkauft.

Die Qualität und Quantität des verfügbaren Quellenmaterials bedingt auch die Art und Weise, in der auf die verschiedenen Fragen eingegangen werden kann. So sind manche Fragen besonders gut, andere überhaupt nicht zu beantworten.

Die vorliegende Arbeit gliedert sich in zwei Teile. Im ersten Teil soll auf die Entwicklung der Reichsstadt Rottweil bis zum 16. und 17. Jahrhundert unter territorialen, politischen, ökonomischen, demographischen, herrschaftlich-administrativen und juristischen Aspekten eingegangen werden. Die Leistung dieser Vorarbeit ist zur Annäherung an das Problem der Hexenprozesse unerläßlich. Nur unter Einbeziehung und Berücksichtigung der obengenannten Aspekte kann eine Analyse der Verfolgungen sinnvoll sein. Eine isolierte Betrachtungsweise wäre schon im Ansatz falsch.

Im zweiten Teil stehen die eigentlichen Hexenprozesse im Vordergrund. Anhand des analysierten Quellenmaterials sollen die regionalen Besonderheiten auch mit Blick auf ähnliche oder verschiedene Verfolgungstypen und -intensitäten anderer, benachbarter Territorien herausgearbeitet werden. Dabei soll die Quellenauswertung den Verlauf der Prozesse in allen Stationen darlegen; Einblicke in die Verfahrensweise und Verfahrensdauer sollen vermittelt werden, wobei in den Prozeßschilderungen die Perspektiven der Angeklagten, der Zeugen und die des untersuchenden Gremiums zum Ausdruck kommen. Dabei ist die Darstellung bewußt sehr quellennah gehalten, um - soweit möglich - einen Einblick in die Denkweise aller Betroffenen und die verschiedenen Deutungen der Situation zu ermöglichen.

Viele Fragen sind zu stellen. Wo liegen die Anfänge der Hexenverfolgung? Wo liegt die Motivation? Wer sind die treibenden Kräfte und wer die Opfer? Wer begünstigt die Verfolgung, Oberschicht oder Unterschicht, respektive wie ist das Verhältnis der städtischen bzw. dörflichen sozialen Schichten untereinander, und hat dies und wenn, dann welchen Einfluß auf die Prozesse? Gibt es bestimmte Verhaltensmuster oder Lebensformen, die die Anfälligkeit für Besagungen vergrößern? Wie verhält sich die Gesellschaft gegenüber den Bezichtigten? Welchen Einfluß hat die Geistlichkeit auf das Geschehen, wirkt sie antreibend oder eher bremsend? Welchen Einfluß haben die äußeren Verhältnisse - Krieg, witterungsbedingte Mißernten, Hunger, Seuchen - auf den Verlauf der Prozesse? Wann enden diese und warum?

Zum Herantasten an dieses Konglomerat aus Fragen werden dieser Arbeit in den relevanten Abschnitten auch besonders aussagekräftige Beispiele aus dem Quellenmaterial eingefügt. An diesen Stellen ist die Darstellung sehr konkret und narrativ gehalten. Dies ist um so mehr erforderlich als die bisherige Literatur dazu wenig erbracht hat.

Die Frage nach der Zielsetzung der vorliegenden Untersuchung ist wohl so zu formulieren: Mit Hilfe eines eingehenden Quellenstudiums und unter Berücksichtigung neuester Aspekte und Publikationen der Hexenforschung, soll ein brauchbarer Überblick des bisher weitgehend unbearbeiteten Themas der Hexenprozesse in Rottweil geliefert werden.

I. Die Entwicklung der Reichsstadt Rottweil bis zum 16. und 17. Jahrhundert

I.1 Das Territorium der Reichsstadt Rottweil und seine Entwicklung

Die Reichsstadt Rottweil umfaßte im 17. und 18. Jahrhundert ein Territorium von einer Größe von ca. 220,3 Quadratkilometern.[2] Insgesamt 27 Dörfer waren darin enthalten, die in der Periode des Gebietserwerbes vom ausgehenden 14. bis zum endenden 16. Jahrhundert unter die Landesherrschaft der Reichsstadt kamen. Die Rottweiler Dorfschaften und der Zeitpunkt ihres Beitrittes zum Territorium der Reichsstadt waren Sinkingen (1377), Zimmern o.R. (1405), Dietingen, Irslingen (1411), Deißlingen (1407 bzw. 1429), Dunningen (1435), Göllsdorf (1466), Dauchingen, Mühlhausen (1479), Fischbach (1488), Weilersbach (1509), Herrenzimmern, Talhausen, Villingendorf (1513), Feckenhausen (1514), Epfendorf (1527), Horgen (1531), Hochmössingen, Winzeln (1535), Bösingen (1539), Seedorf (1595), Niedereschach und Stetten (1598 bzw. 1603). Für Neufra, Böhringen, Balgheim und Kappel ist kein genauer Erwerbszeitpunkt überliefert.[3] Damit war Rottweil nach Ulm, gemessen an der gebietsmäßigen Ausdehnung, der größte Stadtstaat Schwabens.[4]

Neben Ulm und Schwäbisch Hall hatte Rottweil im 17. und 18. Jahrhundert eines der bedeutendsten reichsstädtischen Landgebiete im Südwesten Deutschlands. Mit seinen ca. 100 Ständen nimmt die Stadt im Reichsgebiet eine mittlere Stellung unter den vielen verschiedenen Kleinterritorien ein. Unter den 31 Reichsstädten des Schwäbischen Kreises mit nennenswertem Territorium ist neben Ulm, Hall, Überlingen, Gmünd, Biberach, Ravens-

---

[2]) E. E. Weber, Städtische Herrschaft und bäuerliche Untertanen in Alltag und Konflikt. Die Reichsstadt Rottweil und ihre Landschaft vom 30jährigen Krieg bis zur Mediatisierung, Rottweil 1992, S. 99.

[3]) Weber, Herrschaft, 1992, S. 74.

[4]) A. Laufs, Die Verfassung und Verwaltung der Stadt Rottweil, Stuttgart 1963, S. 112.

burg, Gengenbach, Zell, Pfullendorf, Kaufbeuren und Memmingen auch Rottweil zu finden.[5]

Wie der Erwerbszeitpunkt der oben genannten Dörfer des Territoriums zeigt, expandierte Rottweil in das ländliche Umland, was wohl auf die bis ins 16. Jahrhundert hinein blühende Finanzkraft der Stadt zurückzuführen ist, welche große Summen in den Gebietserwerb zu investieren in der Lage war. Als Voraussetzung hierfür muß wohl auch die von Blickle aufgewiesene labile, lange über die Reformation hinaus nicht festgefügte Herrschaftsform im Gebiet des oberen Neckar genannt werden.[6]

So dürfte die eigentliche Blütezeit Rottweils wohl gegen Ende des 15. und zu Beginn des 16. Jahrhunderts gewesen sein, da während dieser Zeit Handel und Gewerbe der Stadt im Zenit standen, was einherging mit steigendem Einfuß und Ansehen. Dies wurde noch bestärkt durch den 1463 mit der Eidgenossenschaft eingegangenen Bund, der später noch zur Mitgliedschaft erweitert wurde. So erwähnt in diesem Zusammenhang die Zimmersche Chronik, die Stadt sei "dozumal in aim büntnus mit denen Aidtgenossen und im reich teutscher nation nit in clainer achtung gewest". Außerdem hätten die Rottweiler durch diesen Bund "allen nachpurn ein forcht eingestroben".[7]

---

[5]) G. F. Nüske, Reichskreise und Schwäbische Kreisstände um 1800, in: Historischer Atlas von Baden-Württemberg, hg. von der Kommission für geschichtliche Landeskunde in Baden Württemberg, Erläuterungen zur Karte VI, 9, Stuttgart 1978, S. 16.

[6]) P. Blickle, Zur Territorialpolitik der oberschwäbischen Reichsstädte, in: Stadt und Umland. Protokoll der X. Arbeitstagung des Arbeitskreises für Südwestdeutsche Stadtgeschichtsforschung, Calw, 12.-14. November 1971, hg. von E. Maschke und J. Sydow, Stuttgart 1974, S. 54-71, hier S. 70.

[7]) Die Chronik der Grafen von Zimmern, hg. von H.-M. Decker-Hauf, Sigmaringen 1964-72, I S. 608 sowie III, S. 277.

I.2 Die Verwaltung des Reichsstädtischen Territoriums

Die Reichsstadt teilte ihre Untertanendörfer in vier Verwaltungseinheiten, die sogenannten Obervogteien, ein. Unter diesen war der größte und leistungsfähigste Bezirk die Obervogtei, zu der die Orte Dunningen, Seedorf, Villingendorf, Herrenzimmern, Talhausen, Dietingen, Irslingen, Böhringen, Göllsdorf und Epfendorf sowie Balgheim bis zu dessen Veräußerung im Jahre 1689 gehörten.[8]

Daneben gehörten die Dörfer Winzeln, Neufra, Zimmern o.R., Horgen, Bösingen, Hochmössingen, Fischbach-Sinkingen, Niedereschach und Stetten zur sogenannten Pürschvogtei.

Eine eigene Verwaltungseinheit bildeten die der Ortsherrschaft der Heilig-Kreuz-Bruderschaft unterstehenden Orte Deißlingen, Dauchingen, Weilersbach, Mühlhausen und Kappel als "Bruderschaftsflecken".
In Feckenhausen hat das Rottweiler Spital die Ortsherrschaft als österreichisches Mannlehen inne.

Diese vier Obervogteiämter üben in den ihnen zugeordneten Dörfern die eigentliche Verwaltung und die Zivil- als auch eine beschränkte Strafgerichtsbarkeit aus. Darüber steht als höhere Obrigkeit der reichsstädtische Magistrat.[9]

Personell setzen sich die Ämter aus jeweils einem Hochgerichts-Assessor und einem Zunftmeister als Kontrolleur zusammen. Bei der Bruderschaft und dem Spital sind auch noch die jeweiligen Hauspfleger zu nennen.[10] Gegen erlassene Amtsbescheide der Obervögte bietet der Magistrat eine Appellationsinstanz. Wird der angefochtene Bescheid aber bestätigt,

---

[8]) Hier und zum Folgenden Weber, Herrschaft, 1992, S. 163/ 164.
[9]) Weber, Herrschaft, 1992, S. 164.

droht eine Geldstrafe.[11] Eine klare Kompetenzabgrenzung zwischen Verwaltungs- und Justizebenen wird jedoch durch den Magistrat verhindert, der alle ihm relevant erscheinenden Angelegenheiten des Territoriums an sich zieht, wobei er sich grundsätzlich alle Hochgerichtsfälle vorbehält.

Zwischen dem 16. und dem 18. Jahrhundert wird die herrschaftliche Kontrolle und Reglementierung immer stärker auf das gemeindliche und persönliche Leben der Rottweiler Landuntertanen ausgedehnt.[12] Bereits vor dem Dreißigjährigen Krieg nimmt das herrschaftliche Regiment beachtlichen Einfluß und reicht von Bereichen der Aufnahme neuer Dorfbewohner, der Ahndung dörflicher Streitereien, dem Schutz der Wälder bis hin zur Reglementierung nächtlichen Wirtshausbesuches und verbotenen Spielens. Eine Fülle von Vorschriften und Strafandrohungen enthält die Jahrgerichtsordnung von 1618 zum Schutze der Sonntagsheiligung und einer sittenstrengen Lebensführung der Untertanen.[13]
Einen besonderen Konfliktstoff bietet der Anspruch des Magistrates, über die Niederlassung neuer Bürger oder Hintersassen in den Untertanendörfern allein zu bestimmen. Dies regt oftmals den Widerstand von Gemeinden und bäuerlichen Oberschichten, die sich gegen den Zuzug neuer, oft armer Bewohner zur Wehr setzen. Häufig muß die Stadt die vielen Neuaufnahmen per Strafandrohung gegen den Willen der Alteingesessenen durchsetzen.[14] Diese Haltung der Dorf- und Stadteinwohner wird bedeutsam für die Analyse der sozialen Herkunft der Opfer Rottweiler Hexenprozesse, auf die zu einem späteren Zeitpunkt noch näher eingegangen wird.

---

10) J. B. von Hofer, Kurzer Unterricht über die äußere und innere Verfassung der Reichsstadt Rottweil, Rottweil 1796. Neu aufgelegt von E. Mack, Rottweil 1925, S. 109.

11) Vgl. hierzu die Processinstanzen-Ordnung für die Untertanen vom 09.06.1639. Stadtarchiv Rottweil (StAR) Criminalia II/Abteilung I/Lade 48/Faszikel 4/Nummer 6. Im folgenden so zitiert: StAR II/I/48/4/6.

12) Weber, Herrschaft, 1992, S. 167.

13) Wiedergegeben bei H. Ruckgaber, Geschichte der Frei- und Reichsstadt Rottweil, 3 Bde., Rottweil 1835-38, hier I S. 299 ff.

I.3 Die Wirtschaft Rottweils

Wirtschaftlich betrachtet war Rottweil über Jahrhunderte neben Villingen die wichtigste Stadt am oberen Neckar zwischen Hochalb und Schwarzwald. Dies belegt auch die Verbreitung des Rottweiler Pfennigs.[15]

Das besondere Ansehen, das die Reichsstadt im Spätmittelalter genoß, ist wohl vor allem auf ihre wirtschaftliche Bedeutung und damit zusammenhängend auf ihre Steuerkraft zurückzuführen. Der Wormser Martikel von 1521, der die Beiträge der Angehörigen des Schwäbischen Kreises für den Unterhalt der Reichstruppen Schwabens festlegte, erwähnt Rottweil mit einer Martikelsumme von 524 Gulden.[16] Damit steht die Reichsstadt unmittelbar hinter Ulm und Augsburg, also an dritter Stelle. Besonders gefestigt wurde die Stellung der Reichsstadt auf den Reichs- und Kreistagen noch durch die konfessionelle Entwicklung des 16. Jahrhunderts, die Rottweil und Überlingen zu den bedeutendsten katholisch gebliebenen Städten des deutschen Südens werden ließ.[17]

Wirtschaftlich bedeutsam ist die Tatsache, daß das katholische Rottweil neben seiner Bedeutung als Verwaltungsmittelpunkt auch Sitz des Kaiserlichen Hofgerichts war, was zu einer außergewöhnlichen Ansammlung von Juristen führte. Der Sprengel dieses Hofgerichtes reichte zudem von den Vogesen bis nach Bamberg und vom Gotthard bis nach Köln. Dieser enorme Einzugsbereich, verbunden mit der Tatsache, daß jährlich 30 Sitzungstage stattfanden, läßt deutlich werden, daß nicht nur das Hofgerichtspersonal am Geld des Gerichtspublikums verdiente, sondern nahezu alle Schichten der

---

14) Vgl. z.B. die Einträge im Ratsprotokoll (RPR) v. 22.08.1662 (Göllsdorf), v. 04.06.1669 (Dunningen) und v. 19.02.1686 (Epfendorf).

15) C. Meckseper, Untersuchungen zur Stadtgeschichte im Hochmittelalter, Stuttgart 1970, I S. 143 ff und S. 145 ff.

16) Hier und zum Folgenden W. Hecht, Rottweil und sein Rang unter den deutschen Reichsstädten, in: Rottweiler Heimatblätter (RwHbl.) 35 (1974) Nr. 3, S. 4.

17) Zum Zusammenhang von wirtschaftlichem und religiösem Leben vgl. F. Betz, Wirtschaftliches und religiöses Leben in der Reichsstadt, in: RwHbl. 31 (1970) Nr. 1, S. 1-4.

Reichsstadt.[18] Eng mit Verwaltung, Hofgericht und Handel verbunden ist die große Zahl von Wirtshäusern, die dementsprechend nicht nur von Einheimischen besucht wurden.

Dennoch war die Stadt stark bäuerlich geprägt. Schon Graf Christoph Froben von Zimmern, der Verfasser der Zimmerschen Chronik, bezeichnet die Rottweiler in seinem Werk als "stolze, hochmuetige, grobe, eingemauerte paueren."[19] Und auch das äußere Bild Rottweils deutet darauf hin. So versuchte der Rat immer wieder, allerdings vergeblich, gegen die vielen Misthaufen in den Straßen und Gassen vorzugehen.[20] Auch darin kommt zum Ausdruck, daß der überwiegende Teil der städtischen Haushalte über ein ansehnliches Stück Land verfügte. Während die Bauern auf dem Land versuchten, durch die Ausübung eines Handwerks ihren Lebensunterhalt aufzubessern, leisteten demgegenüber die Handwerker in der Stadt bäuerliche Arbeit, um ihre Versorgung mit Nahrungsmitteln zu sichern.[21] Die politische und wirtschaftliche Position der Stadt baute auf ihrer Herrschaft über ein Landgebiet auf und war somit letztlich "von der Größe des bäuerlichen Mehrproduktes"[22] abhängig.

Von den im Rottweiler Bereich vorhandenen Naturprodukten sind vor allem Getreide, Holz und Fleisch zu nennen. Mit der Getreideproduktion zusammenhängend findet sich auch eine besonders hohe Konzentration von Mühlen im Stadtgebiet.

---

18) Vgl. hier und zum Folgenden W. Hecht, Zur Erforschung der Wirtschaftsgeschichte der Reichsstadt Rottweil, in: Rottweiler Geschichts- und Altertumsverein (Hg.), 150 Jahre Rottweiler Geschichts- und Altertumsverein e. V., Rottweil 1981, S. 40-43, hier S. 41.

19) Chronik der Grafen von Zimmern, hg. v. Decker-Hauff, 1964-72, Bd. 3, S. 196.

20) Vgl. RPR v. 17.03.1650; RPR v. 18.03.1655.

21) Th. Knubben, Untersuchungen zu den Lebensverhältnissen in Rottweil im 17. Jahrhundert aufgrund von Nachlassverzeichnissen, Mag. Arbeit/ Tübingen 1983, S. 155.

22) K. Borchart, Grundriß der deutschen Wirtschaftsgeschichte, in: K. Borchart (Hg.), Kompendium der Volkswirtschaftslehre, Göttingen 1975, I S. 359.

Die Rottweiler Holzproduktion ist urkundlich seit 1495 belegbar. Doch gilt die Abhängigkeit der Sulzer Saline von der Rottweiler Holzproduktion als wesentlich älter.[23] So können die Einnahmen aus dem Holzverkauf, aus dem Klafterzehnten und über den Floßkreuzer als eine wichtige und beständige Einnahmequelle des Stadthaushaltes betrachtet werden.

Darüber hinaus war die Bedeutung des Rottweiler Marktes im Vieh- und Schafhandel besonders bemerkenswert.[24] Hier ist vor allem auch die Lederproduktion der angrenzenden Territorien zu nennen. Rottenburg ist der Hauptabnehmer von Häuten zur Lederverarbeitung.[25]

Außerdem war Rottweil Zentrum der Tuch- und Metallwarenproduktion.[26] Hier sind zum einen vornehmlich das Monopol der Rottweiler Sichelschmiede und auch das der Büchsenhersteller zu nennen.[27] Des weiteren ist Rottweil zu Beginn des 16. Jahrhunderts in den Silber- und Eisenbergbau im Schwarzwald eingestiegen, allerdings mit mäßigem Erfolg.[28]

Was die Tuchproduktion betrifft, spielen in erster Linie die billigen Grautuchsorten auf den Märkten bis zum Hochrhein und Bodensee eine gro-

---

23) Zum frühesten Nachweis für Holzlieferungen von Rottweil nach Sulz vgl. Hauptstaatsarchiv (HStA) Stuttgart B 203, PU 946. Auch W. Hecht, Rottweil und die Städte am oberen Neckar, in: F. Quarthal (Hg.), Zwischen Schwarzwald und Schwäbischer Alb. Das Land am oberen Neckar, Stuttgart 1984, S. 483-500, hier S. 489. Ferner W. Hecht, Flößerei am oberen Neckar zur Saline Sulz, in: Sulzer Heimat (1986) Nr. 2, S. 1.

24) W. Hecht, Das reichsstädtische Rottweil als Zentrum des Viehhandels, in: RwHbl. 39 (1978) Nr. 4, S. 4. Auch W. Hecht, Die Geschichte der Rottweiler Metzger, in: RwHbl. 41 (1980) Nr. 5, S. 2f.

25) Hecht, Rottweil als Zentrum des Viehhandels, in: RwHbl. 39 (1978) Nr. 4, S. 4.

26) Vgl. hierzu auch H. C. E. Midelfort, Witch Hunting in South-Western Germany 1562-1684, Stanford 1972, S. 93.

27) G. Philipp, Eisengewinnung und Eisenverarbeitung im süddeutschen Raum von 1500 bis 1650, in: H. Kellenbenz (Hg.), Schwerpunkte der Eisengewinnung und Eisenverarbeitung in Europa 1500 bis 1650, Köln/Wien 1974, S. 220 ff.

28) W. Hecht, Rottweils Oberschicht und das Bergwerk Eisenbach im frühen 16. Jahrhundert, in: RwHbl. 35 (1974) Nr. 3, S. 2-4 und W. Hecht, Ein Rottweiler Silberbergbauversuch am Nordrand der Baar, in: Schriften des Vereins für Geschichte und Naturgeschichte der Baar 30 (1974) S. 154-163.

ße Rolle.[29] Vor allem für die Südhälfte des Bereichs am oberen Neckar war Rottweil hier führend, wohingegen man sich gegen Norden, vor allem gegenüber den Tuchern und Webern von Calw, Nagold oder Sulz abzugrenzen versuchte.[30]

Eine Sonderstellung nahm Rottweil bezüglich der Pulverherstellung ein, die besonders im Dreißigjährigen Krieg einträglich war.[31] Pulverherstellung und Metallverarbeitung ließen Rottweil in diesem Zeitraum zu einem Wirtschaftszentrum am oberen Neckar werden.

Nicht zu vernachlässigen ist die Bedeutung des Rottweiler städtischen Marktes und der Privilegien, die der Stadt im Spätmittelalter auf den Nachbarmärkten gewährt wurden.[32]

Schließlich ist noch die Sonderstellung Rottweils im Druckereiwesen zu erwähnen. Die erste Druckerei findet sich bereits 1603 in der Reichsstadt und entwickelt sich in der Folgezeit zur führenden Druckerei des katholischen Westschwabens.[33]

Die Rottweiler Untertanendörfer waren dagegen reine Bauerndörfer, deren wirtschaftliche und soziale Struktur ausschließlich agrarisch geprägt war.[34] Die Landwirtschaft war die einzige Lebensgrundlage der Bevölkerung, die als Bauern und in der Mehrzahl als Tagelöhner in geschlossenen Dorfsiedlungen lebten. Aus den Erträgen von Ackerbau und Viehhaltung wurden die herrschaftlichen Abgaben und Steuern bestritten.

---

29) Hier und zum Folgenden Hecht, Rottweil und die Städte, in: Quarthal (Hg.), Schwarzwald, 1984, S. 483-500, hier S. 491.

30) Vgl. RPR vom 15.5.1733.

31) Vgl. hierzu W. Hecht, Pulver aus der Reichsstadt Rottweil (= Kleine Schriften des Stadtarchivs Rottweil 4), Rottweil 1977.

32) Hecht, Rottweil und die Städte, in: Quarthal (Hg.), Schwarzwald, 1984, S. 483-500, hier S. 499.

33) W. Hecht, Ergänzungen zur Rottweiler Druckereigeschichte im 17. Jahrhundert, in: RwHbl. 36 (1975) Nr. 4, S. 3-4.

Die Wirtschaft Rottweils wurde zunächst 1499 durch die Auswirkungen des Schweizerkrieges und dann 1529 nachhaltig durch die Auswirkungen der Reformation geschädigt, als nämlich etwa 400 Reformierte aus der Stadt vertrieben wurden. Ähnlich verheerend wirkten sich die Bevölkerungs- und Vermögensverluste des Dreißigjährigen Krieges aus.[35] So geriet die Stadt, ähnlich wie viele andere Reichsstädte, im Laufe des 17. und 18. Jahrhunderts in eine Finanzkrise, die wohl auf die seit dem endenden 16. Jahrhundert stark gestiegenen Reichs- und Kreissteuern zurückzuführen ist.

Ein städtischer Wirtschaftszwang läßt sich auch schon für das 16. Jahrhundert nachweisen. Mit den Jahrgerichtsordnungen von 1562 und 1618 bemüht sich Rottweil schon in der Vorkriegszeit um eine einheitliche Landesordnung, was bereits einen enormen Zugriff der Obrigkeit auf den bäuerlichen Lebensraum darstellt.[36]

I.4 Die demographische Entwicklung

Im ausgehenden Mittelalter und in der frühen Neuzeit hatte Rottweil eine Population von etwa 5100, mit steigender Tendenz.[37] Infolge der Austreibung der evangelischen Mitbürger[38] - etwa 400 Reformierte mußten das Stadtgebiet verlassen - und infolge von Seuchen ging die Bevölkerung bis

---

34) Weber, Herrschaft, 1992, S. 208.

35) Vgl. hierzu die Schrift von N. Geiselhart, Zur Geschichte der Reichsstadt Rottweil im 30jährigen Kriege. Rottweiler Gymnasialprogramme, Rottweil 1899 sowie J. Speh, Beiträge zur Reformationsgeschichte des oberen Neckargebietes: Rottweil und Hohenberg, (masch.-schr.) Diss. theol./ Tübingen 1920.

36) Weber, Herrschaft, 1992, S. 184.

37) Vgl. Midelfort, Witch Hunting, 1972, S.93.

38) So schreibt M. Crusius zu diesem Ereignis im Jahr 1546: "Als zu Rottweil die evangelische Lehre von einigen hart angefochten wurde, und viele, welche sagten, sie wollten allein durch den Glauben an Christum seelig werden, von dannen mit Verlassung ihrer Güter wegzogen: Sahe man den Teuffel zu großem Schrecken der Einwohner durch die Stadt gehen." M. Crusius, Schwäbische Chronik, übers. von J. J. Moser, Frankfurt/ Leipzig 1738, II S. 261.

Ende des 16. Jahrhunderts allerdings auf etwa 4000 zurück.[39] Während des Dreißigjährigen Krieges, der den oberen Neckarraum und das benachbarte Württemberg zu einem der Hauptzerstörungsgebiete werden ließ, schrumpfte die Bevölkerung durch Seuchen, Hunger, Flucht und Kämpfe um mehr als die Hälfte.[40] Dabei hatte eine von Soldaten und Flüchtlingen verbreitete Seuche in den Jahren zwischen 1632 und 1636 besonders verheerende Folgen. Die Hälfte bis zu zwei Drittel der Bevölkerung fielen ihr zum Opfer.[41]

Nach Weber entspannt sich durch diesen Bevölkerungsverlust jedoch vorübergehend die innerdörfliche Konfliktfront zwischen den wirtschaftlich privilegierten Bauern und den um größere Nutzungsanteile kämpfenden Tagelöhnern. Grund hierfür ist das entstandene günstigere Verhältnis zwischen Ressourcenspielraum und Einwohnerzahl.[42]

I.5 Die Hochgerichtsbarkeit und die "Freie Pürsch"

Wesentlich für die Geschichte des Rottweiler Gerichtswesens und der territorialen Zuständigkeit seiner Gerichte ist die "Freie Pürsch". Diese umfaßte das Gebiet der ehemaligen Reichsvogtei Rottweil, stellte allerdings nie ein geschlossenes Territorium dar.[43] Durch den Erwerb der Pürschgerechtsame wurde Rottweil Landesherr.

Die älteste kaiserliche Belehnung, die die Grenzen dieser Pürsch angibt, ist diejenige Kaiser Maximilians von 1511. Demnach verlief die Grenze

---

39) H. Günter, Mittelalterliches Kleinstadttreiben, in: Reutlinger Geschichtsblätter 14 (1903) S. 4.

40) Weber, Herrschaft, 1992, S. 223.

41) Vgl. die Sterberegister der Pfarreien Heilig-Kreuz und St. Pelagius in Rottweil. Des weiteren die der Pfarreien Epfendorf, Dietingen und Hochmössingen. Vgl. ebenso E. E. Weber, Der dreißgjährige Krieg und die Bevölkerungsentwicklung des Rottweiler Territoriums, in: RwHbl. (1988) Nr. 4.

42) Weber, Herrschaft, 1992, S. 320.

"von Neckhersfurt ob Deißlingen, von demselben Furt das Hochgesträß hinauf bis gen Villingen in Stettbach zum Brücklin, vom Brücklin neben der Stat hin inn Kirnach bis in des hengsthofe, von demselben Hofe hinaus über den Kesselberg in das Haydenbächlin neben dem haidischen Stain und von dem haidenbächlin hinab den nächsten in Nußbach und von dem Nußbach zue der vogtey, von der vogtey hinab in die langen Schiltach, von der langen Schiltach hinab bis an den Altenberg, von Altenberg über den Tischneckh hinab gen Sulgaw, von Sulgaw gen Hinderaichhalden, von Hinderaichhalden bis uf den Brandsteyg, von Brandsteyg hinab bis an den Pflurer Wald, vom Pfluerer Wald hinab neben Oberndorf in den Neckher, von Oberndorf hinauf in Thierstein, von Thierstein an Böringer Ecken, von Böringer Ecken gen Wildeck in Gallenbach, von Gallenbach in Landtgraben by Scherzingen, vom Landtgraben an der oberen Eggen gen Frittlingen, von Frittlingen in Aixhaimber Walde in Boden, von Boden hinauf in die holtz wyhs in den Stettbach, das Stettbächlin hinab in Neckhersfurt".[44]

Es gab Gebiete, in denen die Stadt die hohe und niedere Gerichtsbarkeit innehatte, ebenso solche, in denen sie nur die hohe bzw. nur die niedere Gerichtsbarkeit besaß und schließlich Gebiete, die zwar mitten in der Pürsch lagen, in denen ihr aber die Ausübung der Hochgerichtsbarkeit nicht zustand. Dies gilt zum Beispiel für die Neckarburg und zeitweise für das Gebiet der Herren von Zimmern. Bei derartig komplizierten Verhältnissen sind Kompetenzstreitigkeiten naheliegend, vor allem da die Stadt im Zuge ihrer Expansionsbestrebungen zuweilen ihre Kompetenzen durch Ausfälle in andere Hoheitsgebiete überschritt.

Ein solcher Fall ist für das Gebiet der Herren von Zimmern nachweisbar. In der Nacht vom 17.10.1587 rückten die "Herren Fünf" mit insgesamt 200 Mann zu Roß und zu Fuß nach Seedorf aus, um die Agnesa Lepschin, Witwe des Michel Graben, und die Margaretha Friesin, Ehefrau des Melin Hagenowens, festzunehmen. Beide wurden von der im April des selben Jah-

---

[43]) J. Leist, Reichsstadt Rottweil. Studien zur Stadt- und Gerichtsverfassung bis zum Jahre 1546, Rottweil 1962, S. 159.

[44]) StAR (wie Anm. 11) II/XIII/2.

res zum Feuertod verurteilten Margaretha Kolerin aus Seedorf als Hexen besagt.[45] Gerechtfertigt wurde dieser Übergriff mit der Bemerkung, daß es sich bei den Verhafteten schließlich um Hexen handele. So heißt es im Ratsprotokoll:

> "Ist des ausfhals halber ghen Seedorf, wegen beifahrung zweier der Hexerei halber verschreitten weibern, und wanst sich bei demselben verloffen ordenliche relation beschehen, und darauf decretiert, das gemeinerstatt fünffer an diesem starkhen ausfahl Recht gethan, und deshalber ferner des herrn Graven von Zymbern gelegenliche erklerung und fürnehmung erwartten und hinzwischen zu den gefangenen weibern verordnung zu geben Examination beschehen sollen."[46]

Die Grenzen des Pürschgebietes waren nicht eindeutig und lange Zeit umstritten. Es gab langwährende Grenzstreitigkeiten mit Villingen, St. Georgen, Schramberg und Oberndorf. Die Folge davon war eine Reihe komplizierter Sonderbestimmungen bezüglich der Ausübung der Hochgerichtsbarkeit in den Grenzdörfern. So beanspruchte Rottweil im 15. und 16. Jahrhundert die hohe Obrigkeit in ganz Niedereschach, Kappel, Dauchingen, Weilersbach und Obereschach. Dort konnte die Stadt auch trotz zahlreicher Streitigkeiten ihre Ansprüche im allgemeinen behaupten. Im Süden und Westen wurde der Hoheitsbereich der Stadt sogar ausgedehnt. Hier verlief die Grenze anfangs von Obereschach dem Norden zu über Neuhausen, Erdmannsweiler, Burgberg dem Hardt zu, am Tischneck vorüber nach Sulgen und Hinteraichhalden.[47]

Die Pürschgerichtsgrenze wurde im Verlauf des 15. Jahrhunderts bis Villingen, Kirnach und St. Georgen ausgedehnt.[48] 1515 kam es dann nach etlichen Streitigkeiten zu einer Einigung mit Württemberg, wonach die neue

---

45) Vgl. den Eintrag im "Protocollum aller Urgichten" von Wilhelm Armbruster bezüglich der Urgichten dieser Personen, Jahrgang 1587.

46) RPR vom 24.10.1587.

47) StAR (wie Anm.11) II/XIV/1.

48) W. Armbruster, Die Armbruster-Bücher, Kopialsammlung aus dem Rottweiler Archiv, 1590, I C, Bl. 106 f.

Grenze gehen sollte von "Kirnach und dem Herrenwald zwischen St. Georgen und Villingen in den Richinbach, diesem nach in die Brigach und dann ihr abwärts bis zu Meleck, von hier in den Mönchweiler Schorren, über Bregnitz gegen Waldau, das außerhalb der Pürsch bleibt, vorbei an Mühllehen und hinauf auf den Hardt, am Tischneck vorüber, der Württemberg verbleibt, nach Sulgau".

Alles was außerhalb des genannten Bezirkes liege, solle Württemberg mit hohen Gerichten und Forsten zustehen. Was der Stadt Rottweil zuliege, solle zur Freien Pürsch gehören. Was die württembergischen Dörfer und Flecken betreffe, so sollten demnach alle Malefizfälle jährlich abwechselnd von Rottweil und Württemberg gestraft werden. In der Pürsch lagen folgende württembergischen Orte: Mönchweiler, das Hörnlin, Erdmannsweiler, Burgberg, Wunnenberg, die Höfe auf dem Hardt, Weiler, Flötzingen, Schönbronn und Sulgau mit ihren Bännen.[49]

Im Süden wurden durch den Vertrag von Hüfingen die zur Kommende Villingen gehörigen Orte, namentlich Neuhausen, Obereschach und Sommertshausen, auch Villingens hoher Gerichtsbarkeit unterstellt. Im Flecken Kappel sollte die hohe Gerichtsbarkeit in jährlichem Wechsel von Rottweil und Villingen ausgeübt werden. Rottweil verlor damit die hohe Gerichtsbarkeit in einem Teil von Weilersbach, in Obereschach, teilweise in Kappel, in Neuhausen, Sommertshausen und Mönchweiler an Villingen und gab zudem weiter nach Westen gehende Gebietsansprüche endgültig auf.[50]

Was den Süden und Südwesten betraf, so wurden dort die Grenzen durch den Vertrag zwischen Hans von Landenberg und Rottweil von 1538 festgelegt, der dann 1590 durch das Reichskammergericht bestätigt wurde.[51] Hierin wurde vereinbart, daß diejenigen Orte der Herrschaft Schramberg, die

---

[49]) StAR (wie Anm.11) II/XV/3.

[50]) J. A. Merckle, Das Territorium der Reichsstadt Rottweil in seiner Entwicklung bis zum Schluß des 16. Jahrhunderts, Stuttgart 1913, S. 93.

innerhalb der Rottweiler Pürsch lagen, jährlich abwechselnd der Hochgerichtsbarkeit Schrambergs bzw. Rottweils unterstehen sollten. Dies galt namentlich für die Orte Mariazell, Burschachen und Feurenmoß, Hinter- und Vordersulgen sowie Hinter- und Vorderaichhalden.

Die Blutgerichtsbarkeit über die Exklave Balgheim stand dem österreichischen Oberhohenberg und die des Dorfes Mühlhausen der Herrschaft Fürstenberg zu[52], die auch noch im 17. Jahrhundert die Hochgerichtsbarkeit über Dauchingen beanspruchte.[53]

Für einige nördliche Dörfer des Territoriums fand man die Regelung mit Oberndorf, daß derjenige, der die Straftäter zuerst ergreift, das Recht der Ausübung der hohen Gerichtsbarkeit haben sollte.

Besondere Schwierigkeiten ergaben sich mit dem Kloster Rottenmünster.[54] Die hohe Gerichtsbarkeit wurde dem Kloster erst im 17. Jahrhundert zusammen mit dem Wildbann und der Forsthoheit verliehen und dies auch nur teilweise.[55] Lediglich in Lauffen und Aixheim, dem ältesten Kern des rottenmünsterschen Territoriums, gehörte Gerichts- und Grundherrschaft vermutlich von Anfang an dem Kloster. Zwistigkeiten mit dem Kloster führten dazu, daß Kaiser Mathias der Stadt Rottweil 1619 die Blutgerichtsbarkeit des Klosters, die sie bis dato innehatte, entzog. Die Rottenmünsterschen Blutgerichtsfälle wurden an das Kaiserliche Hofgericht zu Rottweil verwiesen.[56] 1624 belehnte Ferdinand II. das Kloster mit der hohen malefizischen Obrigkeit. Diese Rechte wurden in bezug auf die malefizische Obrig-

---

51) StAR (wie Anm. 11) II/15/3 und StAR (wie Anm. 11) I/67/4.

52) Weber, Herrschaft, 1992, S. 99 und Beschreibungen des Oberamts Spaichingen, hg. v. Königlichen statistisch-topographischen Bureau, Stuttgart 1876, S. 252.

53) Vgl. hierzu auch die Schrift von Th. Selig, Zur Geschichte der ehemals rottweilischen Gemeinde und Pfarrei Dauchingen, Bezirksamt Villingen 1904.

54) Vgl. hierzu M. Reichenmiller, Das ehemalige Reichsstift und Zisterzienserinnenkloster Rottenmünster, (Diss.)/ Stuttgart 1964, S. 39 ff.

55) Or. Perg. vom 10.09.1624, HStASt B 13-16, Bü. 93.

56) HStASt B 494, Or. Perg. 14.

keit verliehen für "Lauffen, Aichen, Aichhof, Neunkirch, Zepferhan, Vohingen, Locherhöff, Fridlingen und Sundthaim, so vil als dieser beeden letzteren ort halben die hohe malefizische Obrigkeit nit unserm löblichen Haus Österreich zugehört".

Die hohe malefizische Obrigkeit sollte demnach in Sontheim ganz, in Frittlingen zum größeren Teil der Grafschaft Hohenberg und damit Österreich zustehen. Alle Bestrebungen des Klosters, auch diese noch zu erwerben, blieben erfolglos.[57]

Nachdem 1624 das Kloster mit der hohen malefizischen Obrigkeit belehnt worden war, mußte es ein eigenes Hochgericht bilden, das aus zehn bis zwölf "ehrbaren" Männern bestellt wurde.[58] Vorsitzender war der Oberamtmann des Klosters, der in der Regel ein Rechtsgelehrter war. Des weiteren wurde in Aixheim ein Galgen gebaut und die Gefängnisse mußten ebenfalls renoviert werden. Zur Aburteilung der Verbrecher war hier wie in Rottweil die Carolina maßgeblich. Leider sind sämtliche Protokolle und Akten über Gerichtsverhandlungen aus dieser Zeit verlorengegangen.[59]

Im Jahre 1651 schloß schließlich Äbtissin Susanna von Pflummern einen Vertrag mit Rottweil, wonach sie den

> "würklichen gebrauch oder usum et Exercitum desselben Banns ueber das Blueth zue richten mit Stockh und Galgen ohne Begeben seiner Lehenschaft der Stadt Rottweil und deren jeweils regierenden Bürgermeister und Rat überlassen sind und abtreten, dergestalt, daß sie solchen Blutbann innhaben, gebrauchen, administrieren und exercieren mögen".[60]

---

57) Vgl. das Konzeptschreiben an das Oberamt in Rottenburg v. 02.11.1623, StAR (wie Anm. 11) I/48/6.

58) HStASt B 13-16, Bü. 93.

59) Vgl. hierzu auch Reichenmiller, Rottenmünster, 1964, S. 74.

60) StAR (wie Anm. 11) I/48/6 und HStASt B 203 Bü 104.

Das Exekutionsrecht erstreckte sich auf Vergehen, die mit dem Leben gebüßt werden, die anderen Hochgerichtsfälle sollten dem Kloster verbleiben, unter anderem "die Zaubereien, darbei man sich Gottes nicht verläugnet oder sonsten den Menschen oder Vieh nit solchen Schaden zugefügt, welcher vor sich selbst der Todtstraff würdig wäre[...]".[61]

Als Strafen für diese Vergehen waren Gefängnis, Fuß- und Halseisen, Anprangern und Geldbußen üblich. Zur Verfahrenspraxis ist zu sagen, daß Hochgerichtsfälle vom jeweiligen Dorfvogt an die Stadt Rottweil, die ja bis 1624 mit der hohen malefizischen Obrigkeit über Rottenmünster belehnt war, später an das Kloster selbst weiterzuleiten waren. Die Dorfgerichte führten kein eigenes Siegel, so daß für sämtliche Urkunden und Urteilsbriefe das der Äbtissin benutzt wurde.[62] Die Appellationen waren ebenfalls an die Äbtissin von Rottenmünster zu richten.[63]

---

[61]) StAR (wie Anm. 11) I/47/2/6.
[62]) HStASt B 204 Or. Perg. 1096.
[63]) StAR (wie Anm. 11) I/48/5/1.

II. Die Hexenprozesse in Rottweil

II.1 Die Quellenlage

Die Frage nach Verlauf und Ausmaß der Hexenverfolgungen in Rottweil macht die Darstellung der Quellensituation erforderlich. Zur Verfügung stehen in erster Linie die im Stadtarchiv von Rottweil erhaltenen Urgichten der hingerichteten Personen, die noch in großer Anzahl vorhanden sind.[64] Vollständig sind sie allerdings nicht erhalten. Vergleicht man diese mit dem um 1588 von dem Rottweiler Ratsherrn Wilhelm Armbruster angelegten "Protocollum aller Urgichten"[65] - eine chronologische Zusammenfassung der um die Wende des 16. Jahrhunderts in der Stadtkanzlei Rottweil noch vorhandenen Urgichten - so wird man feststellen, daß es zu diesem Zeitpunkt noch erheblich mehr gewesen sind. Die erhaltenen Urgichten setzen erst 1561 ein, wohingegen das "Protocollum" bereits um 1546 eine auffällige Zunahme von Urgichten zum Feuertode verurteilter Frauen aufweist. Das "Protocollum" gibt zu diesem Zeitpunkt den Grund der Hinrichtung noch nicht an, doch handelt es sich bei den hingerichteten Frauen mit größter Wahrscheinlichkeit um der Hexerei für schuldig befundene. Außer diesem Delikt wurden nur noch Brandstiftung und Sodomie mit dieser Hinrichtungsart geahndet, was für die verhältnismäßig große Anzahl der Fälle unwahrscheinlich ist.

Neben den Urgichten existieren noch die Stadtrechnungsbücher. Auch hier fehlen ganze Jahrgänge, und sie sind zudem lückenhaft geführt. Dennoch enthalten sie wertvolle Informationen über die Besoldung des Scharfrichters und der Turmwächter, die Kosten der Haft und der peinlichen Verhöre sowie Hinweise auf in der Haft Verstorbene.

---

64) Exzerpte einiger Urgichten wurden veröffentlicht bei H. Ruckgaber, Die Hexenprozesse zu Rottweil am Neckar, in: Württembergische Jahrbücher für vaterländische Geschichte, Geographie, Statistik und Topographie, 1. Heft (1838), S. 174-196.

Als letzte der wesentlichsten Quellen sind die Ratsprotokolle zu erwähnen. Diese enthalten Hinweise auf inhaftierte Personen, den Stand der Untersuchungen und Beschlüsse, dieselben bei Verweigerung eines Geständnisses bis zu einem Ergebnis weiterzuführen. Die Eintragungen bezüglich der Hexerei verdächtigten Personen sind allerdings auch spärlich und keineswegs vollständig. Die Verhörprotokolle sind nicht mehr erhalten.

Die vorliegende Untersuchung basiert größtenteils auf diesen Materialien, die einander ergänzen und zu den folgenden Ergebnissen führen. Aufgrund ihrer Lückenhaftigkeit sind die errechneten Zahlen Mindestwerte.

II.2 Die Entwicklung und Zuständigkeiten des Rottweiler Gerichtswesens

Allein zuständig für alle Malefizfälle in Rottweil und im Freipürschbezirk ist der Magistrat; zuständig für die Hexenprozesse ist somit auch der Rat und nicht etwa, wie Thudichum noch vermutet, das Pürschgericht.[66]

Der Magistrat faßte seit dem 15. und 16. Jahrhundert Funktionen und Zuständigkeiten des älteren und mit dörflichen Urteilssprechern besetzten Pürschgerichts in sich zusammen.[67] Seit 1580 belegen die Quellen eindeutig eine umfassende Hochgerichtsbarkeit des Rates in der Freien Pürsch. Wahrscheinlich hatte er diese auch vorher schon inne, doch ist dies quellenmäßig nicht belegbar.[68] Er war Inhaber aller landesherrlichen und obrigkeitlichen Rechte, zugleich Gerichtsherr und erste sowie letzte Instanz bei Zivil- und Strafsachen. Die peinliche Gerichtsbarkeit wurde unmittelbar von ihm ausgeübt.

---

65) StAR (wie Anm. 11) II/I/III/5/1.

66) F. Thudichum, Geschichte der Reichsstadt Rottweil und des Kaiserlichen Hofgerichts daselbst, Tübingen 1911, S. 17.

67) Hier und zum Folgenden vgl. Weber, Herrschaft, 1992, S. 102.

68) Vgl. hierzu auch Leist, Reichsstadt, 1962, S. 171.

Der Rat bestand aus den Assessoren (Beisitzern) des Kaiserlichen Hofgerichtes und den Vertretern der Zünfte sowie dem Stadtsyndikus.[69] Die Anzahl der Räte variierte im Lauf der Geschichte. Die Assessoren waren meist studierte Leute, häufig ausgebildete Juristen. Auch der reichsstädtische Syndikus, der im Rang zwischen Assessoren und Zunftmeistern stand, sollte Doctor juris, zumindest aber Licentiat der Rechte sein.

Seit der frühen Neuzeit wurden die Ämter auf Lebenszeit vergeben. Festgelegt wurde dies im 2. Artikel des Schweizer Schiedsspruchs von 1579, in dem es heißt: "Wo einer zu einem Amt einmal geordnet ist, soll er - außerhalb der Amtleute und Zunftmeister Abwechselung - dabei unabgesetzt und ungeändert bleiben."[70] Nur ein Amtsvergehen sollte nach dem Schweizer Laudum zwingend zum Amtsverlust führen.

Daß eine derartige Regelung ihren erheblichen Nachteil in der Sicherheit der Position der Gewählten findet, liegt auf der Hand. Die Vernachlässigung der Dienste durch oft jahrzehntelange Besetzung der Ämter durch dieselben Leute führte demnach bald zu erheblichen Mängeln innerhalb der Verwaltung. Das jahrzehntelange Festsitzen der Gewählten in ihren Ämtern erklärt auch den verzögerten Einstellungswandel der Ratsherren bezüglich der Hexenprozesse. Im Rat saßen jahrzehntelang dieselben Leute, in freiwerdende Ratssitze wurden zudem noch Gesinnungsgenossen gewählt.

Innerhalb des Rates gab es die Institution der "Herren Fünf" und der "Herren Sieben". Fünf Ratsmitglieder beriefen den reichsstädtischen Wahlausschuß, die "Herren Sieben", für das kommende Jahr. Der Bürgermeister, der Schultheiß und die zwei jüngsten Zunftmitglieder wählten einen weiteren Zunftmeister in ihren Ausschuß, der dann fünf Mitglieder hatte. Die "Herren Fünf" beriefen den Wahlausschuß der "Herren Sieben". Sie wählten einen Hochgerichtsassessor und sechs Zunftmeister zum Siebneramt. Jährlich

69) Vgl. Laufs, Verfassung, 1963, S. 33.
70) StAR (wie Anm. 11) I/VI/1/1.

werden die Namen der "Herren Fünf" und der "Herren Sieben" in den Ratsprotokollen aufgezeichnet.[71]

Nicht zuständig für die Stadt und ihr Territorium war das Kaiserliche Hofgericht. Sachlich war dasselbe zuständig als Acht- und Anleitegericht in der streitigen Gerichtsbarkeit, in Zivil- und Strafsachen. Dabei waren die Acht und ihre Vermögensfolgen das hauptsächliche Zwangs- und Strafmittel.[72] Auch wandten sich manche im Hexereiverdacht stehende Personen an das Hofgericht zum Zweck der Wiederherstellung ihres guten Leumunds. So etwa im Fall der Cordula Müller, den Carl v. Langen in seinem 1821 erschienenen Werk für das Jahr 1648 angeführt hat.[73] Da die Akten dieses Prozesses allerdings 1846 kassiert wurden, muß hier auf v. Langen als Primärquelle zurückgegriffen werden.

Diese Cordula Müller wartete die Folgen eines aufgekommenen Hexengerüchts um ihre Person nicht ab, möglicherweise wurde sie auch gewarnt. Sie flüchtete aus der Stadt, worauf der Magistrat gegen sie "in contumatiam" vorschritt und ihr Vermögen den Verwandten zusprach. Cordula Müller wurde in Effigie eingetürmt. Sie selbst nahm sich einen Advokaten und wandte sich an das Kaiserliche Hofgericht, wo sie wegen vorenthaltenem Recht klagte. Bei "Ehaften" schützte das Privilegium exemtionis den Magistrat nicht. "Ehaften" nannte man die Fälle, die dem Hofgericht gegen die Exemtionsprivilegien vorbehalten waren. Unter den als "Ehaften" geltenden häufigen Injuriensachen werden oft Beleidigung und üble Nachrede behandelt. Unter diesen Rechtstitel gehören auch die Klagen von Leuten, die, einem Strafverfahren wegen Hexerei mit dem Leben entkommen, den An-

---

71) Laufs, Verfassung, 1963, S. 76.

72) Laufs, Verfassung, 1963, S. 70.

73) C. v. Langen, Beiträge zur Geschichte der Stadt Rottweil am Neckar, Rottweil 1821, S. 124 f.

kläger, Denunzianten oder die Obrigkeit zur Entschädigung ihrer Leiden belangten.[74]

Der Urteilsspruch lautete dahingehend, daß Cordula Müller schließlich "in integrum" restituiert wurde. Das Vermögen wurde wieder herausgegeben und dem Magistrat "injungiert, in Zukunft mit dergleichen Aburteilungen nicht mehr gleich vorzufahren, sondern allemal erst ein schriftliches Gutachten einzuholen". Von da an haben die tödlich verlaufenen Hexenprozesse ein Ende genommen.

In diesem Zusammenhang sollte noch auf einen im Rottweiler Museum Lorenzkapelle erhaltenen Steinkopf hingewiesen werden, der mit der Haft der Cordula Müller in Effigie[75] in Verbindung gebracht wird. Es handelt sich dabei um ein "älteres, intelligentes Gesicht, in dessen herben Zügen man überstandenen Schmerz und Resignation erkennen kann. Die offenen Augenhöhlen blicken maskenhaft eindringlich. Die Oberfläche der originellen Plastik wirkt auffallend glatt, wie abgegriffen oder von Witterung abgeschliffen. Dies spricht für einen ursprünglichen Standort im Freien. Die Plastik weist in Höhe des Scheitelansatzes ein Loch für einen Holzdübel auf. An der Kinnpartie sind geringe Farbreste zu erkennen".[76] Carl v. Langen erwähnt auch, man habe "vor einigen Jahren" beim Abbruch des Rottweiler Hexenturms "eine weibliche Figur in einem Stein eingehauen gefunden, nebenan ein 'C', auf der anderen Seite ein Mühlrad"[77], was also auf den Namen Cor-

---

[74]) Neben Cordula Müller wäre hier zu nennen: 1596, Margaretha Deckhin, geb. Scherzingen, Witwe des Schneiders Sebastian Nürnberger contra Hans Haller von Elsenheim und das Stift Straßburg u.a. auf eine Geldstrafe von 500 fl. StA Ludwigsburg IV, Bü 104 sowie auch O. Koser, Repertorium der Akten des Reichskammergerichts, Untrennbarer Bestand, 2 Bde., Stuttgart 1936, hier II 524 (um 1626). Vgl. auch G. Grube, Die Verfassung des Rottweiler Hofgerichts, Stuttgart 1969, S. 76.

[75]) W. Schild, Effigie, in: C. Hinckeldey (Hg.), Justiz in alter Zeit, Rothenburg ob der Tauber 1984, S. 289-296.

[76]) W. Hecht, Steinmaske, in: H. Siebenmorgen (Hg.), Hexen und Hexenverfolgung im deutschen Südwesten, Katalogband zur Ausstellung des Badischen Landesmuseums Karlsruhe vom 17.09.1994 bis 08.01.1995, Ostfildern 1994, S. 136.

[77]) v. Langen, Rottweil, 1821, S. 125.

dula Müller hindeute.[78] Die genaue Identifizierung der Maske als die von v. Langen erwähnte, ist nicht gesichert, da sie erst 1940 in den Besitz des Stadtmuseums gelangte. Das erwähnte "C" und das Mühlrad sind auch nicht mehr festzustellen. Dies könnte allerdings leicht durch Beschädigungen beim Abbruch des Hexenturms zu erklären sein.[79]

Es sollte auch darauf hingewiesen werden, daß dieser Fall nicht mit dem noch zu erwähnenden Fall Cordula Müller von 1583 identisch ist.

Der Einfluß des Kaiserlichen Hofgerichts auf das reichsstädtische Gerichtswesen war auch deshalb nicht unerheblich, da Rottweiler Ratsherren am Hofgericht Recht sprachen und die Geschäfte des Hofgerichts von städtischen Bediensteten erledigt wurden, sodaß hier von einer gewissen Personalunion gesprochen werden kann. So waren die ursprünglich 13 Hofgerichtsbeisitzer oder Urteilssprecher gleichzeitig Mitglieder des Rottweiler Magistrats und der Kanzleiverwalter gleichzeitig Stadtsyndikus. Ähnliches gilt auch für die anderen Angehörigen der Hofgerichtskanzlei. Städtische Dienste versahen demnach auch der Fiskal, die Commissarien, der Protonotarius, der Registrator, die Sekretäre und Kopisten, der Botenmeister, der Pedell, der Kanzleidiener und die Hofgerichtsboten. Ebenso traten die Hofgerichtsprokuratoren vor Stadtgericht und Magistrat auf.[80]

II.3 Rottweil als Autorität in Hexenprozessen

Die außergewöhnliche Ansammlung von Juristen in Rottweil, verbunden mit der langjährigen Praxis der Stadt in Hexenprozessen, ließen dieselbe wohl bald zu einer weitbekannten Autorität in dieser Hinsicht werden. So taucht Rottweil neben den Universitäten Tübingen, Freiburg und Innsbruck

---

78) Über den Abbruch des Hexenturms vgl. RPR v. 02.03.1809.

79) Vgl. A. Steinhauser, Die Rottweiler Stadtbefestigung, Rottweil 1976, S. 95 ff. sowie die Erzählung von M. Leist-Andre, Die Geschichte der Cordula Müllerin, Rottweil 1953.

immer wieder als Ort auf, der juristische Gutachten in Sachen Hexerei erstellt oder etwa in dieser Angelegenheit Ratschläge gibt. Einige dieser Fälle seien hier als Beispiele erwähnt:

1. In einem Schreiben vom 27.01.1599 wendet sich die erzherzögliche Regierung in Innsbruck an die Universität Freiburg und bittet um die Erstellung eines Gutachtens für einen Hexenprozeß. Dazu übersendet sie die Akten des betreffenden Falles und einen Ratschlag, den die Stadt Rottweil in dieser Angelegenheit am 16.01.1599 gegeben hat.[81]

2. In einem Streit zwischen der Gräfin Catharina von Hohenzollern und einigen Dörfern bezüglich der Übernahme von Kosten der Hexenprozesse wird am 04.08.1607 entschieden, die althergebrachte Weise beizubehalten, das heißt die Exekution wird von den Delinquenten selbst bezahlt; sind diese nicht zahlungsfähig, übernimmt die Herrschaft die Kosten. In der Entscheidungskommission sitzt Jochen Fünckh, Assessor des Hofgerichts Rottweil.[82]

3. In einer Horber Kostenrechnung des Jahres 1671 bezüglich des Verfahrens gegen den sechzehnjährigen Hexenmeister "Hans Jacob Ketzler der Junge" werden Gutachten von Villingen, Rottenburg und Tübingen aufgeführt. Im April des oben genannten Jahres, drei Monate vor seiner Exekution, wird auch ein Gutachten aus Rottweil herangezogen. Auch dieses Gutachten ist leider nicht erhalten.[83]

---

80) Laufs, Verfassung, 1963, S. 70.

81) HStASt B 19 Bd. 5, fol. 566 verso. Dieser sowie die genannten Horber Fälle verdanke ich dem freundlichen Hinweis von J. Dillinger. Vgl. auch dessen Zulassungsarbeit über die Grafschaft Hohenberg, Tübingen 1995 sowie Dillinger, Hohenberg, in: Lorenz (Hg.), Hexen, 1994, Aufsatzband S. 245-252. Ferner J. Dillinger, „Böse Leute". Hexenverfolgungen in Schwäbisch-Österreich und Kurtrier im Vergleich, Trier 1999, S. 42f. Der von Rottweil gegebene Ratschlag und die Akten der genannten Fälle sind leider nicht mehr erhalten.

82) Staatsarchiv Sigmaringen, HO 175, Bd. 1, Nr. 176.

83) Stadtarchiv Horb A 299.

4. 1604/05 klagt Christina Rauscher aus Horb wegen ungesetzlichem Vorgehen in ihrem Hexenprozeß. Der Horber Magistrat wendet sich daraufhin an Dr. Sachs aus Rottweil und bittet um Rat. Dabei betont der Magistrat, daß etliche Besagungen durch andere Hexen vorliegen. Dennoch hat Sachs "Ihrer Neidischen Affection ain ganz widriges consilium communiciert und von Irer Intention mit Rechtsgründten abzustehen trewlich gewarnet".[84]

II.4 Zusammenarbeit der Territorien in Sachen Verbrechensbekämpfung

Eine wirksame Verbrechensbekämpfung machte die grenzübergreifende Absprache mit anderen Territorien notwendig. So gab es schon früh Verträge Rottweils mit Villingen[85], Schaffhausen und Freiburg. Hier ist vor allem der Rechtshilfevertrag Rottweils mit Villingen aus dem Jahr 1438 zu nennen. Die Städte verpflichteten sich hierin, "mitainanderen zu sollichen schädlichen leutten" zu greifen und "sollich nit ledig lassen on der anderen wissen und willen".[86]

Von besonderem Interesse waren Aussagen und vor allem Besagungen dann, wenn Personen aus anderen Territorien auftauchen. In diesen Fällen werden Exzerpte der Geständnisse an die entsprechenden Herkunftsgebiete verschickt, um einerseits an weitere Besagungen zu gelangen, andererseits den dortigen Behörden den Zugriff auf ihre "Hexen" zu erleichtern. Solche Schreiben sind aus Tuttlingen[87], Dornhan[88], Oberndorf[89] und Villingen[90] er-

---

84) Stadtarchiv Horb A 311.

85) Zu den Verhältnissen in Vorderösterreich vgl. S. Schleichert, Vorderösterreich: Elsaß, Breisgau, Hagenau und Ortenau, in: Lorenz (Hg.), Hexen, 1994, Aufsatzband S. 219-230.

86) H. Günter (Hg.), Urkundenbuch der Stadt Rottweil, Stuttgart 1896, Nr. 1015.

87) StAR (wie Anm. 11) II/I/III/4/28.

88) StAR (wie Anm. 11) II/I/V/16/13a.

89) StAR (wie Anm. 11) II/I/V/8/63.

90) StAR (wie Anm. 11) II/I/III/4/7.

halten. Die Zusammenarbeit zwischen den verschiedenen Territorien funktionierte demnach gut.

Das um 1590 verfaßte Antwortschreiben der Stadt Villingen auf Anfrage der Stadt Rottweil bezüglich einer "verdächtigen Weibsperson" und ihrer Besagungen enthält mehrere aufschlußreiche Hinweise. Es heißt dort:

> "Nun ist gleichwohl nit one daß Meister Peter Leyrer genannt Stierhever solche verzweifelte Leut, wenn sie ihm eigentlich zu ersehen werden an ihren vom Bösen Feind hinterlassenen Malern und Zeichen erkennen soll, ob sie generis venefici oder nit? daß er aber solche Leut zur Bekanntnuß hernachher auch erzwingen möge, künnen wir nit wissen. Dann ob er gleich uns zu gefallen und im Stillen etliche Mittel gebraucht, und wir an der Tortur auch nichts ermangeln lassen, so hat unser verhafte nit gleich darauf schnellen wöllen, sondern haben vielmehr zwey us unserm Rathsmittel, in aller Güte us ihr gebracht."[91]

Hier wird deutlich, welch bedeutende Funktion der Scharfrichter im Rahmen der 'Wahrheitsfindung' innehatte. Wie viele andere seines Standes gab er vor, auf dem Gebiet der Ausfindigmachung von Hexen eine Kapazität zu sein. Er gebrauche dazu "im Stillen etliche Mittel", die er sich natürlich gut bezahlen ließ. Wie einträglich dieses Geschäft in einer derartigen Zeit war, liegt auf der Hand; dies auch deshalb, weil erfolgreiche Scharfrichter bald einen weitverbreiteten Ruf erlangten und so auch von anderen Territorien angefordert wurden - in diesem Falle von Rottweil. In Villingen kam es aber offensichtlich zu Unstimmigkeiten zwischen Rat und Henker, da im Falle der betreffenden Malefikantin das Geständnis mittels gütlicher Befragung durch zwei Ratsmitglieder erreicht wurde und nicht durch die Arbeit des Scharfrichters. Dieser, offensichtlich durch die Einmischung gekränkt, kündigte die weitere Zusammenarbeit in Sachen Hexenfindung auf. Im folgenden heißt es nämlich:

---

[91]) StAR (wie Anm. 11) II/I/III/4/7.

"Und ob wir ihm, Meister Peter schon ein solches zumuthen würden [gemeint ist, ihn an Rottweil 'auszuleihen'], so wissen wir endlich, das wir in nit dazu vermögen, dann er ohne das wir zufriden, das ein solches von im auskommen, also daß zu besorgen er uns selbsten hier unten nicht mehr dienen werde. Wann aber Ir in für euch selbsten getraut zu erweichen, daß er Euch zu gefallen sich brauchen, und zu euch verfügen will, soll es ime unserthalb nit abgeschlagen seyn."[92]

Eine Zeit wie diese, also eine der Hochkonjunktur für Scharfrichter, erlaubte es denselben wohl, wählerisch zu sein, ganz im Gegensatz zur Zeit der abflauenden Hexenprozesse, in der sich die Scharfrichter buchstäblich um jede Haut stritten.

II.5 Erste Hinweise auf Hexenprozesse

Wann in Rottweil zum ersten Mal Hexenprozesse durchgeführt wurden, ist unbekannt.[93] Den ersten Hinweis darauf erhalten wir von Theophrastus Bombastus Paracelsus von Hohenheim, der 1525[94] für einige Zeit in Rottweil praktizierte.[95] In seinen Werken führt Paracelsus aus, daß die Hexe ihren eigenen Leib als Gift verwenden kann. Eine Hexe, die ihren Tod nahen fühlt, könne ihren ascendentischen Geist beauftragen, daß er nach dem Ableben die Mumia ihres toten Körpers (in dem sich nach Paracelsus der Mikro- und Makrokosmos der Hexe mit allen schlechten und bösen Kräften befindet) noch heftiger vergiften und unter der Kirchenschwelle vergraben soll, so daß alle, die über diese Schwelle schreiten, krank werden.[96] An dieser Stelle

92) StAR (wie Anm. 11) II/I/III/4/7.

93) Vgl. hierzu und zum Folgenden Zeck, Reichsstadt Rottweil, in: Lorenz (Hg.), Hexen, 1994, Aufsatzband S. 381-388.

94) 1528 findet sich auch der erste Hinweis auf Hexenprozesse im benachbarten Hohenberg. Vgl. Dillinger, Grafschaft Hohenberg, in: Lorenz (Hg.), Hexen, 1994, Aufsatzband S. 245-251, hier S. 245.

95 Freundlicher Hinweis von W. Hecht.

96) Paracelsus, Sämtliche Werke, hg. von W.-E. Peuckert, Darmstadt 1965, V S. 244. Auch O. Nowotny, Paracelsus und das Hexenwesen, in: S. Domandl (Hg.), Paracelsus und

berichtet Paracelsus, daß dies etwa eine Hexe aus Rottweil nach genügender Tortur gestanden habe, die zur Zeit seines Aufenthaltes in Rottweil dort "gefenglich ist eingezogen gewesen" und "daß sie im traum oft und vil den geist gerufen" habe.[97]

Einige Jahrzehnte später verfaßte der Rottweiler Magister Johannes Spreter, ein in der Rottweiler und Konstanzer Reformationsgeschichte bedeutender Vertreter der neuen Lehre, sein um 1540 in Basel gedrucktes

> "Hexen/ Büchlein, das ist, ware entdeckung und erklärung oder Declaration fürnämlicher artikel der Zauberey, und was/ von Zauberern, Unholden [Hengsten] Nachtschaden/ Schützen/ Auch Hexen händel, art, thun, lassen, wesen, bulschafften, artzney/ wohär sie erwachsen, und al/ ler ihrer Machination. Item was Wechselkind und/ Wutes här, und darvon zu halten sey. Allen Vögten,/ Schultheyssen, Amptleuten, oder Amptsverwaltern/ und Regenten des weltlichen Schwerdts und Regi/ ments nutzlich zu lesen. Ettwan durch den Wolgebor/ nen Herren/ Herr Jacob Freyherr von Liechtenberg/ auß ihrer gefengknuß erfaren/ und jetzt durch ein/ gelerten Doctor zusammen bracht, und/ weit/ leüffiger beschrieben".

Unter anderem erwähnt er hier den benachbarten Heuberg, wo sich Unholdkinder und Hexenfeste fänden.[98] Bereits einige Jahre zuvor, nämlich 1537, wird diese Thematik angesprochen und zwar in seiner in Straßburg erschienenen Schrift "Was von anruffen der heiligen, deren err, anbetten der bilder, christlichem und heidnischen wallen, wunderzeichen böser und guter, hexen und zaubereyen etc. zu halten sei", die dann später in seiner "Christenlich Instruction" erneut abgedruckt wurde.

---

sein dämonengläubiges Jahrhundert. Salzburger Beiträge zur Paracelsusforschung, Wien 1988, S. 37-48, hier S. 43.

97) Vgl. hierzu K. Greiner, Paracelsus im Lande seiner Väter, in: Salzburger Beiträge zur Paracelsusforschung, Heft 2 (1961) S. 14 ff. Freundlicher Hinweis von W. Hecht.

98) Freundlicher Hinweis von W. Hecht. Näheres zu Person und Wirken von Johannes Spreter bei G. Bossert, Johann Spreter von Rottweil, in: Blätter für württembergische Kirchengeschichte NF, 15 (1911) Heft 1 und 2, S. 103-125.

Schließlich ist noch der aus Rottweil stammende Schlettstadter Pfarrer Reinhard Lutz zu nennen, der 1571 eine "Wahrhaftige Zeitung von den gottlosen Hexen, auch Ketzerischen und Teufelsweibern [...]" verfaßte.[99]

Es ist ungewiß, ob die Hexenverfolgungen aus einem benachbarten Territorium nach Rottweil übergegriffen haben. Dennoch ist eine Süd-Nord-Wanderung am wahrscheinlichsten[100], da die Schweiz sowie die Gegenden am Bodensee und Oberrhein bereits während des 15. Jahrhunderts als Zentren bzw. Vorreiter der Entstehung des 'Hexenwahns' in Europa gelten.[101] So gab es auf vielerlei Gebieten Beziehungen der Reichsstadt zur Eidgenossenschaft, die in ihrer Gesamtheit eine solche 'Wanderungstheorie' stützen dürften, wobei - wie Blauert es formuliert - berücksichtigt werden muß, daß die Geschichte der zunehmenden Verbreitung von Hexenprozessen diejenige ständiger Ausdifferenzierung und nicht die stereotyper Weitervermittlung ist.[102]

---

99) Freundlicher Hinweis von W. Hecht. Darüber hinaus bei N. Paulus, Reinhard Lutz, ein Schlettstadter Pfarrer des sechzehnten Jahrhunderts, in: Archiv für elsässische Kirchengeschichte 4 (1929) S. 137-150. Lutz vertritt die Ansicht, der Teufel könne nur Schaden, wenn Gott es ihm erlaube. Dabei agierten die Hexen als Werkzeuge des Teufels, mit deren Hilfe er Wetter machen, Ernten verderben und Menschen töten könne. "Quod igitur se pruinam, grandinem et alia effecisse fatentur, daemonis est, qui teste Augustino novit virtutes elementorum et adiuvando eas mulieres quasi autores facit, idque propter incredulitatem et apostasiam in quam inciderunt. Unde etiam aliquando assumit corpus ex aere phantasticum et apparet visibiliter." R. Lutz, Harmonia seu Historia sancta omniumque verissima de Christo Iesu Nazareno, Filio Dei ac vero Homine, hominumque servatore, iuxta seriem atque concentum historiographorum divinorum Evangelistarum quator..., Basel 1561, S. 551.

100) Hier könnte ein Vergleich der Aussagen von z.B. Luzerner Hexen mit solchen von Rottweil weiterhelfen. Eine flächendeckende Analyse der Geständnisse könnte Gemeinsamkeiten oder Unterschiede etwa im Hinblick auf Vorstellungen von Hexenflug, Schadenzauber, Hexentanz etc. sowie Auftauchen dieser Elemente mit zeitlichen Verschiebungen ergeben. Dies würde jedoch den Rahmen dieser Untersuchung sprengen. Vgl. z.B. E. Hoffmann-Krayer, Luzerner Akten zum Hexen und Zauberwesen, in: Schweizerisches Archiv für Volkskunde 3 (1899), S. 22-40, 81-122, 189-224, 291-329.

101) A. Blauert, Frühe Hexenverfolgungen in der Schweiz, am Bodensee und am Oberrhein, in: Lorenz (Hg.), Hexen, 1994, Aufsatzband S. 59-66, hier S. 59.

102) A. Blauert, Die Erforschung der Anfänge der europäischen Hexenverfolgungen, in: A. Blauert (Hg.), Ketzer, Zauberer, Hexen. Die Anfänge der europäischen Hexenverfolgungen, Frankfurt a. M. 1990, S. 7-42, hier S. 21.

Über das rein militärische Bündnis hinaus gab es ausgeprägte händlerische und kaufmännische Verbindungen in die Schweiz.[103] Auch auf juristischem Gebiet gab es Verbindungen. Als 1383 das Zürcher Landgericht organisiert wurde, diente die älteste Hofgerichtsordnung des Rottweiler Gerichts als Vorbild.[104] Zudem immatrikulierten sich im 15. Jahrhundert Rottweiler Studenten an der Universität Basel.

Im gleichen Zeitraum versorgten Dominikanerpatres des Rottweiler Konvents ihre Bibliothek über Baseler Ordensbrüder. Desgleichen stand die übrige Ortsgeistlichkeit in Verbindung mit Schweizer Klerikern, was Manuskripte des Rottweiler Pfarrers Martin Hummel von Heilig Kreuz, die sich in der St. Gallener Stiftsbibliothek befinden, belegen. Ein weiterer Pfarrer dieser Pfarrei, Konrad Stücklin[105] stand im Briefwechsel mit Ulrich Zwingli. Auch einige Stadtschreiber Rottweils, wie zum Beispiel Johannes Herrmann aus Schaffhausen, stammen aus der Schweiz.[106]

Schließlich gab es auch regen Austausch auf intellektuellem Gebiet. In der ersten Hälfte des 16. Jahrhunderts versammelte der Humanist Michael Rubellus[107] in Rottweil viele bedeutende Schüler aus der Schweiz um sich. Darunter befanden sich der Reformator von St. Gallen Vadian,[108] sowie Os-

---

103) Hier und zum Folgenden W. Hecht, Eine Freundschaft durch die Jahrhunderte. Die Schweizer Eidgenossenschaft und Rottweil, Rottweil 1979^{3}. Des weiteren P. Kläui, Rottweil und die Eidgenossenschaft, in: Zeitschrift für Württembergische Landesgeschichte 18 (1959) S. 1-14.

104) Hecht, Freundschaft, 1979^{3}, S. 35.

105) E. Jahn, Die Reformationsbewegung in der Reichsstadt Rottweil, Rottweil 1926, S.20-21.

106) Hecht, Freundschaft, 1979^{3}, S. 36.

107) Hecht, Freundschaft, 1979^{3}, S. 39.

108) Joachim von Watt oder Vadianus (1484-1551) war der Gründer der evangelischen Kirche in St. Gallen und ein führender Reformator der Schweiz. Vgl. Brockhaus Enzyklopädie 19, Wiesbaden 1974^{17}, s.v. Vadianus S. 345.

wald Myconius[109], Freund und Mitstreiter des Baseler Reformators Oekolampadius[110], Nikolaus Manuel[111]; und auch der Griechischlehrer Calvins, Melchior Vollmar,[112] studierte in Rottweil sowie der Geschichtsschreiber Berns, Valerius Anshelm[113], der sich einige Jahre bis 1525 in der Reichsstadt aufhielt.[114]

II.6 Das Ausmaß der Prozesse und die Verfolgungsperioden

Das Urgichtenbuch von Rottweil gibt für das Jahr 1546 die ersten Hinrichtungen an. Walburga Zimmermännin von Rottenburg, Ottilia Pöttin und Agatha Seyfridin, beide von Rottweil, sind "uff montag nach dem suntag laetare anno 1546 mit dem feuer gericht worden".[115] Für die Durchführung dieser Hinrichtungen ließ man den Rheinfelder Scharfrichter Meister Lienhard Gieckh von Ulm anreisen, der in Rottweil "erfolgreich" tätig war.[116]

---

109) Oswald Geishüsler oder Myconius (1488-1552) war Mitarbeiter Zwinglis und an der Abfassung der zweiten Baseler Konfession (1534-1536) beteiligt. Vgl. Brockhaus 13, Wiesbaden 1974[17], s.v. Myconius S. 132.

110) Johannes Husschin oder Oekolampadius (1482-1531) war als Schweizer Reformator ein Vorläufer Calvins und trat vor allem als Bibelausleger hervor. Vgl. Brockhaus 13, Wiesbaden 1974[17], s.v. Oekolampadius S. 700.

111) Nikolaus Manuel war Maler, Dichter, Staatsmann und streitbarer Vorkämpfer der Reformation (1484-1530). Vgl. L. Stumm, Nikolaus Manuel Deutsch aus Bern als bildender Künstler, Basel 1925 sowie Brockhaus 12, Wiesbaden 1974[17], s.v. Manuel S. 108.

112) Vgl. Hecht, Freundschaft, 1979[3], S. 39.

113) Valerius Rüd oder Anshelm, Schweizer Geschichtsschreiber und Reformationsanhänger (1475-1546/ 47). Vgl. Brockhaus 1, Wiesbaden 1974[17], s.v. Anshelm S. 557 sowie Jahn, Reformationsbewegung, 1926, S. 17-20.

114) Hecht, Freundschaft, 1979[3] S. 39.

115) Hier und zum Folgenden vgl. die nebenstehende Graphik "Übersicht der Verfahren und Hinrichtungen in Rottweil im 16. und 17. Jahrhundert". Erstellung derselben mit freundlicher Unterstützung von J. Heinrich.

116) Freundlicher Hinweis von S. Schleichert. Vgl. S. Burkart, Geschichte der Stadt Rheinfelden bis zu ihrer Vereinigung mit dem Kanton Aargau, Aarau 1909, S. 241.

Das Delikt der Hexerei wird zum ersten Mal in der Urgicht der Catharina Höhnmeyerin erwähnt, die am 26. Juli 1561 hingerichtet wurde.[117] Nach den Archivmaterialien finden die nächsten Verfahren erst 1566 statt, doch meldet die Villinger Chronik für das Jahr 1563 die Verbrennung von acht Frauen in Rottweil, eine Behauptung, die anhand der archivalischen Quellen und eingedenk ihrer Unvollständigkeit weder bestätigt, noch mit letzter Sicherheit falsifiziert werden kann.[118] Das gleiche gilt für die Behauptung einer anonymen Flugschrift aus dem Jahre 1580 mit dem Titel "Zwo Newe Zeitung, was man für Hexen oder Unholden verbrendt hat", die bekannt gibt: "zu Rottweil thet man verbrennen balde/ der Hexen ein guten theil/ der waren bey dreysig in der Summ/ die haben vil kleiner Kinder/ jaemerlich gebracht umb".[119] Lediglich sechs Hinrichtungen sind allerdings nach den Urgichten für dieses Jahr festzustellen.

Eine stärkere Verfolgung setzt 1571 ein mit einem ersten Höhepunkt von elf Hinrichtungen im Jahre 1572 und dem Maximum für das 16. Jahrhundert von 14 Hinrichtungen im Jahre 1581. Abgesehen vom Jahr 1578 ist von 1571 bis 1607 kein Jahr ohne Hinrichtung nachzuweisen. Der größte Anteil der Verfahren und Exekutionen fand in der Periode zwischen 1579 und 1598 statt, in der mindestens 113 Menschen auf dem Scheiterhaufen starben. Dagegen weist das 17. Jahrhundert weniger zusammenhängende Verfolgungsperioden, sondern vielmehr einzelne Verfolgungshöhepunkte auf: so etwa das Jahr 1602 mit zehn, 1604 mit acht, 1609 mit sieben, 1616 mit elf, 1624 mit acht und schließlich, der absolute Höhepunkt in der Geschichte

---

117) StAR (wie Anm. 11) II/I/V/8/3.

118) Villinger Chronik, in: F. J. Mone (Hg.), Quellensammlung der badischen Landesgeschichte, Karlsruhe 1854, II S. 80-118, hier S. 116. Um 1565 beginnt auch die erste Prozeßwelle in Reutlingen, wahrscheinlich als Folge ernteschädigender Witterungsverhältnisse. Vgl. Th. Fritz, Reichsstadt Reutlingen, in: Lorenz (Hg.), Hexen, 1994, Aufsatzband S. 371-378, hier S. 374. Die gleiche Ursache findet sich auch bei Prozessen in Hohenberg, obwohl hier keine einfache Identität von Agrarkrisenjahren und Verfolgungsjahren festzustellen ist. Vgl. Dillinger, Grafschaft Hohenberg, in: Lorenz (Hg.), Hexen, 1994, Aufsatzband S. 245-251, hier 246.

119) Abgedruckt bei W. Behringer (Hg.), Hexen und Hexenprozesse, München 1993[2], S. 159.

der Rottweiler Hexenprozesse, 1629 mit 20 Hinrichtungen. Für die Jahre der großen Seuche zwischen 1632 und 1636 sind keine Prozesse nachzuweisen.

Insgesamt sind für Rottweil 287 Verfahren wegen Hexerei, Zauberei oder Magie bekannt. Darunter waren 234 Frauen und 53 Männer. 266 der Angeklagten wurden zum Tode verurteilt und hingerichtet. Daß auch Kinder in die Prozesse verwickelt waren, belegen einige Eintragungen in den Stadtrechnungsbüchern bezüglich der Atzungskosten inhaftierter Mädchen und Knaben.

Dem Niederturmhüter wird so 1626 "wegen des blinden Mädlins im Spital eine Turmlosung von 10ß 4b 20hl" erstattet.[120] Am 13.02.1627 wird dem Scharfrichter Hans Adam "von des Langenmaiers mädlin, so sich im Turm selbst umgebracht zuvergraben 2lb 3ß 3b" erstattet.[121] Im Jahre 1616 sind den "herren Zunftmeister Spreter Zerung als der Herr Keittel und Zunftmeister Scheffelmann, uber das gefangen weib und Iren buoben zu Epfendorff gangen laut Zettel 3ß 6bz" ausbezahlt worden.[122] Auch wird in einem Prozeß in Horb gegen Christina Rauscher ein Rottweiler Knabe erwähnt, dessen Besagungen um 1605 zu einer Verhaftungswelle in Rottweil führten.[123]

---

120) Stadtrechnungsbuch von 1626, S. 77.

121) Stadtrechnungsbuch von 1627, Eintrag vom 13.02.

122) Stadtrechnungsbuch von 1616, S. 63.

123) Vgl. "Designatio expensarum (1599-1616)". Stadtarchiv Horb am Neckar A 312. Freundlicher Hinweis von J. Dillinger.

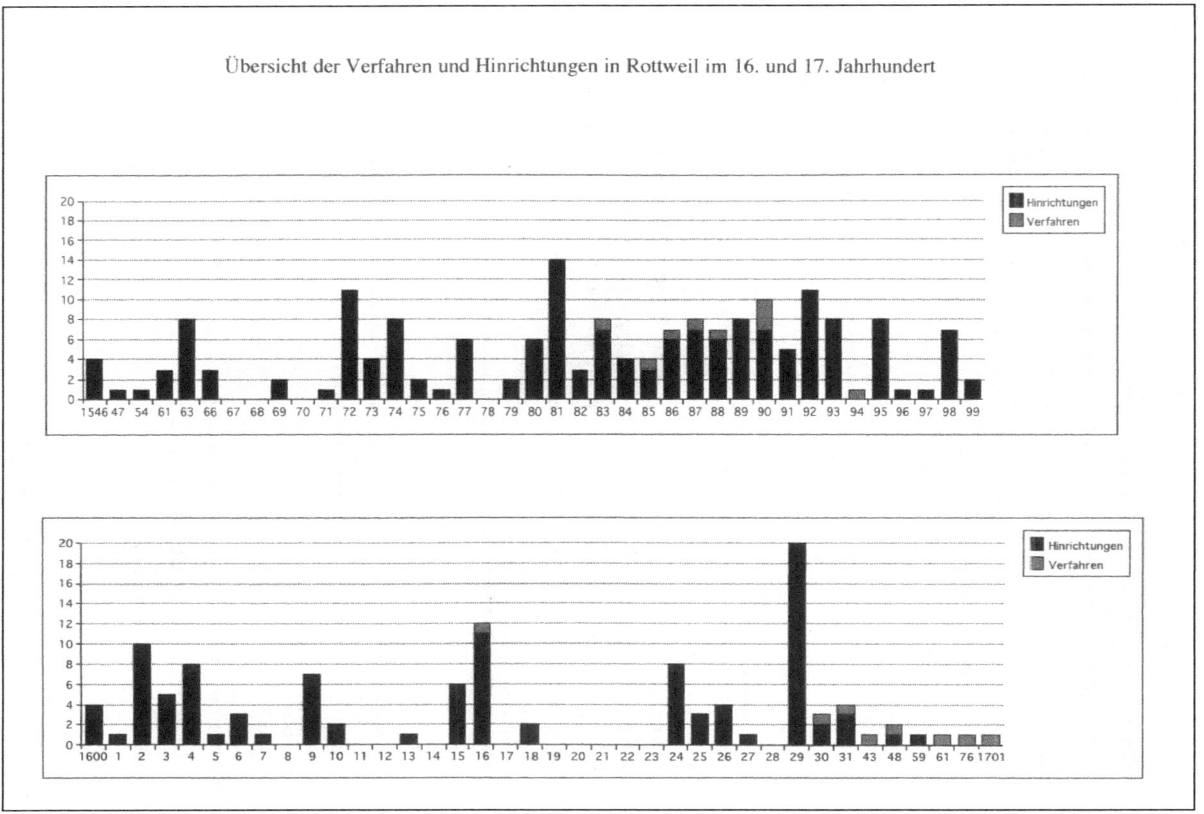
Übersicht der Verfahren und Hinrichtungen in Rottweil im 16. und 17. Jahrhundert
Hinrichtungen
Verfahren
20 18 16 14 12 10 8 6 4 2 0
1546 47 54 61 63 66 67 68 69 70 71 72 73 74 75 76 77 78 79 80 81 82 83 84 85 86 87 88 89 90 91 92 93 94 95 96 97 98 99
Hinrichtungen
Verfahren
20 18 16 14 12 10 8 6 4 2 0
1600 1 2 3 4 5 6 7 8 9 10 11 12 13 14 15 16 17 18 19 20 21 22 23 24 25 26 27 28 29 30 31 43 48 59 61 76 1701

II.7 Die Deliktabgrenzung

Bei den Frauen war Hexerei meist das alleinige Delikt. In ganz seltenen Fällen kamen Unzucht und Ehebruch als strafverschärfende Umstände hinzu. Unter den 53 Männern ist in 19 bekannten Fällen der Vorwurf der Zauberei und Magie gepaart mit Delikten wie Unzucht, Bestialität, Diebstahl, Mord etc. Nicht selten erweitern sich die Anklagepunkte im Laufe der Untersuchung dann von diesen Delikten zum Vorwurf der Hexerei. Die Verknüpfung solcher Straftaten mit dem Hexereidelikt kann einigen Aufschluß darüber geben, welche Personen bei ihren Mitmenschen leicht in den Verdacht der Hexerei geraten konnten. So heißt es in einem Ratsprotokolleintrag:

> "Eod. Hans Beckh als Verordneter über Michael Friesen, gevänglich eingezogenen Person relation gethan. Und dieweil man befunden, daß er ein Unholdling und Zauberer und albereit ettliche Stückh bekhent, ist dem Verordneten ine ferner zu examinieren und mit ernst zu erfragen gewalt gegeben worden. Eod. die Verordneten über Hans Jacob Wollstetten aus dem Allgew, wegen sodomitischer Handlung eingezogener Person und relation gethan. Und dieweil er nit alain die bezigte und viel ander mehr sodomitische Handlung, sondern auch die Verleugnung Gottes almechtiger bekhant, ist den Verordneten ine mit ernst verner zu examinieren sowie die positiones vleißig zu beschreiben auferlegt worden."[124]

Dementsprechend wurden Frauen mit dem Feuer exekutiert, bei Begnadigung zuvor enthauptet, bei den äußerst seltenen Fällen von Strafverschärfung zuvor mit glühenden Zangen traktiert.[125] Im Falle weiterer Delikte wurde bei Männern Rad und Strang der Exekution hinzugefügt. So etwa im Falle des Hans Hirt von Dauchingen, der wegen Mißhandlungen, Diebstahl, Mord, Magie und Bestialität am 3. Juli 1630 zu Rad, Strang und Feuer verurteilt und anschließend hingerichtet wurde.[126]

---

124) RPR v. 15.05.1584.

125) Vgl. den Eintrag im "Protocollum aller Urgichten": "Margaretha Reiderkenin genannt Schweitzerin von Baden uffer dem Algew so uf samstag den 02. August a. 1572 zuvor mit gliendem Zangen etlich mal gegriffen, darnach mit dem Feuer gericht worden."

126) StAR (wie Anm. 11) II/I/V/18/4.

In die Gesamtzahl der Verfahren und Hinrichtungen nicht einbezogen sind die Opfer aus Dörfern, in denen Rottweil zwar die Hochgerichtsbarkeit innehatte, denen aber aufgrund einer besonderen Regelung mit anderen Territorien daselbst der Prozeß gemacht wurde. Dies gilt für Oberndorf vor allem für die zahlreichen Opfer aus den Dörfern Winzeln, Altoberndorf oder Hochmössingen. Auch diejenigen Fälle, die in Verbindung mit Kindsmord stehen und die auf "Einflüsterungen des bösen Geistes" zurückgeführt wurden, sind nicht miteinbezogen. Die Kindsmörderinnen wurden ertränkt. Das "Schwemmen" erfolgte unter Angstdorf, in der Nähe der Spitalmühle.[127]

II.8 Die lokale und soziale Herkunft der Delinquenten

Betrachtet man die lokale Herkunft der Delinquenten, so ist festzustellen, daß lediglich 61 davon aus Rottweil und der nahegelegenen Altstadt stammen. 117 kamen aus den Dörfern des Rottweiler Territoriums und 67 aus anderen Herrschaftsgebieten. In 44 Fällen ist die Herkunft nicht zu lokalisieren. Damit hat Rottweil einen verhältnismäßig hohen Anteil an Fremden, denen der Prozeß gemacht wurde. Dennoch waren nie Zigeuner in Rottweiler Hexenprozesse verwickelt, obwohl es gerade hier um 1580 zwischen Zigeunern und der einheimischen Bevölkerung zu Problemen kam.[128] Bei der quantitativen Verteilung der Opfer aus Rottweil selbst und seinem Territorium wird von der Verfolgungsintensität her ein Stadt-Land-Gefälle deutlich. Dementsprechend war die Landbevölkerung einem höheren Verfolgungsrisiko ausgesetzt als die Stadtbevölkerung, das heißt, daß offenbar gegen Bürger der Stadt bei Denunziationen weitaus seltener gerichtlich vorgegangen

---

127) Leist, Reichsstadt, 1962, S. 168.

128) H.C.E. Midelfort, The social Position of the Witch in Southwestern Germany, in: M. Marwick (Hg.), Witchcraft and sorcery, St. Ives 1982[2], S. 174-187, hier S. 187: "Gypsies on the other hand were migrant. They never stayed long enough in one place to become part of the social structure, and perhaps for that reason were suspected only of

wurde als gegen Angehörige der Landbevölkerung, Fremde oder Umherziehende.[129]

Bei einer Untersuchung der sozialen Herkunft und Situation der Angeklagten wird deutlich, daß die Mehrzahl der Opfer aus den ärmeren Schichten der dörflichen bzw. der städtischen Gesellschaft stammten; viele waren nicht seßhaft oder hielten sich nur vorübergehend in Rottweil auf. In den Steuerbüchern sind sie daher nicht zu finden. Eine Ausnahme findet sich im Steuerbuch von 1626, wo unter "Sanct Foßau der Ort" folgender Eintrag zu finden ist: "Oschwald Bürcken weib ist verbrennt und wegen hexerey iustifiziert worden, Gott sey der Seelen gnädig und barmherzig; hat nichts hinterlassen."[130]

Eine der wenigen und zugleich merkwürdigen Ausnahmen bietet der Fall der relativ vermögenden Cordula Müller, Frau des Sebastian Rebmann. Anfang September 1583 wurden Margaretha Röttlin und Anna Hüllingerin wegen Hexereiverdachts gefangengesetzt.[131] Dabei wurde bei der peinlichen Befragung der Name der Cordula Müller erwähnt, die einen Bürger angeblasen haben soll, worauf dieser krank geworden sei. Dieselbe beging den Fehler, das aufgekommene Gerücht auf sich beruhen zu lassen, was ihren Leu-

---

thefts and other secular crimes. Gypsies were continually forced and herded from one place to another without becoming part of a witch hunt."

129) In diesem Punkt werden für die Rottweiler Verhältnisse die Sozialdisziplinierungs- und Domestikationshypothesen, vertreten von R. Muchembled, Kultur des Volkes - Kultur der Eliten. Die Geschichte einer erfolgreichen Verdrängung, Stuttgart 1982 und C. Larner, Enemies of God. The Witch-hunt in Scotland, Baltimore (Maryl.) 1981, bestätigt.

130) Freundlicher Hinweis von W. Wittmann.

131) RPR v. 05.09.1583: "Auf gethane relation meiner herren Fünffen wegen Einziehung Margaretha Röttlin, auch angezeigte und bewüste schüb, ist den verordneten bevohlen worden, gedachte Margaretha mit ernst erfragen und sofer sey der nachrichter vonnötten inen zu sich nemen notturft nach mit ime zu handlen."
RPR v. 17.09.1583: "Die Herren Verordneten zu der verleumbden Anna Hüllingerin relation gethan, und ahngezeigt, daß nach vieler Peinigung sey bekhennt, daß sey ein Unholde sey und sich dem bösen Feind vor einem Jahr ergeben. Darauf den Herren Verordneten ferner mit ir zu handlen ahnbefohlen worden und besonderlich des Diebstahls halber."

mund weiter verschlechterte und sie in ernsthafte Gefahr brachte. Im Ratsprotokoll findet sich folgender Eintrag:

> "Eodem. Haben sie die Herren Verordneten zu den Unholden Relation gethan, und dieweil sich befunden, das die Cordula Müller ein gericht ganz gelaubet und ahn ihr zuläßt, anderwertig soll man sie durch den Priester erinnern und dann die Schärpfe nicht weniger gegen ir fürnehmen falls sachen ordenlicher weyss beschrieben."[132]

Margaretha Röttlin beharrte jedoch auf ihrer Aussage, die Cordula Müller sei eine Hexe. Es heißt im Ratsprotokoll:

> "Eodem. Die Herren Verordneten zu Margaretha Röttlin relation gethan, daß sie Margaretha die ahngebne Personen noch beharre und dieselben schuldig seyen. Darauf von gantz sammethaften Rath decreto erkhendt, daß man diejenigen Personen gevänglichen einziehen soll und derwegen die sach den fünfen bevohlen. Derwegen [...]selbige eingezogen worden."[133]

Der Verdacht verdichtete sich derart um Cordula Müller, daß "Ein Ers. Rath dem Verordneten zu den Hexen gewalt geben mit inen nach gelegenheit in güette und scherpfe zu handeln. Unnd sey zu verendern in die Thürm damit man sey desto gelegener befragen künde".[134] Mit der Untersuchung beauftragt wurde Hans Peyer, der den Rat allerdings bat, von dieser Verpflichtung entbunden zu werden, da er mit der Angeklagten und deren Mann verschwägert war. Dem Antrag wurde stattgegeben und der Fall wurde Hans Beckh übertragen. Die Gefangene wurde auf den Turm gebracht und es wurde verfügt, niemand außer den Verordneten zu ihr zu lassen.[135]

---

132) RPR v. 25.09.1583.

133) RPR v. 17.09.1583.

134) RPR v. September 1583.

135) RPR v. 02.10.1583: "Eodem. Hans Peyer von Cordula Müller in relation gethan was er durch sowohl peinlich alser gütlich erfragen bei iro befunden und begert man wölle dieser verordnung ine erlassen wegen schwegerschafft gegen den Räbmannern. Darauf er dieser Verordnung aus bewegenden Ursachen zu erlassen, und Her Hans Beckh an seiner stat zu vollthuner Abhandlung ersetzt worden. Und soll niemand außerhalb der Verordneten zu ihr auf den Turm gelassen werden."

Kurze Zeit später findet sich auch schon folgender Eintrag in den Ratsprotokollen: "Eodem. Cordula Müller, Margaretha Röttlin und Anna Hüllingerin uf ihr bekhandtnus zum Tode verdampt worden."[136]

Nachdem sie bei Berthold Ega, Pfarrer in der Frauenkapelle, ihr Testament gemacht hatte[137], wurde sie mit dem Feuer hingerichtet.[138] Um ihr beachtliches Vermögen entstand in der Folgezeit ein langwährender Streit zwischen den Erben, namentlich den Familien Daler und Rebmann.[139]

Während die männlichen Angeklagten oftmals durch andere Straftaten auffällig wurden und selten verheiratet waren, handelte es sich bei den angeklagten Frauen in vielen Fällen um arme oder verarmte Witwen. Dies macht eine nähere Untersuchung des sozialen Gefüges der Rottweiler Einwohnerschaft, insbesondere aber der ärmeren Bevölkerungsschichten notwendig.

II.9 Das soziale Gefüge der Reichsstadt Rottweil unter besonderer Berücksichtigung der städtischen und dörflichen Unterschichten

Im Innern der Reichsstadt gab es ein starkes soziales Gefälle, das in allen Lebensbereichen spürbar war. Politisch, wirtschaftlich und kulturell war eine kleine Oberschicht respektive die gehobene Mittelschicht bestimmend, die aus den Mitgliedern des Magistrates, den Hofgerichtsassessoren, Zunftmeistern, Räten, einigen anderen Amtsträgern sowie manchen Wirten, Müllern und Metzgern bestand.[140] Diese grenzten sich nicht nur im Lebensstan-

136) RPR v. 02.10.1583.

137) RPR v. 1583, o. D., S. 67/70.

138) StAR (wie Anm. 11) II/I/V/8/32.

139) RPR v. Zinstag nach Mathei 1584; RPR v. 01.10.1584; RPR v. 22.11.1584; RPR v. 28.10.1585; RPR v. 19.11.1585; RPR v. 27.11.1585.

140) W. Hecht, Zur Situation der Sozialgeschichte der Rottweiler Reichsstadtzeit, in: Rottweiler Geschichts- und Altertumsverein e.V. (Hg.), 150 Jahre Rottweiler Geschichts- und Altertumsverein e.V., Rottweil 1981, S. 44-48, hier S.46.

dard, sondern auch räumlich von den ärmeren Bevölkerungsschichten ab. Dementsprechend wohnten sie nicht in den engen Gassen, sondern bevorzugten Häuser in den Hauptstraßen, die geräumiger und repräsentativer waren.[141]

Das "Rote Buch" der Stadt Rottweil unterscheidet zwischen dem Vollbürger und dem "verdingt burger". Ersterer trägt das "Burg-" oder "Burgerrecht", bei letzterem handelt es sich um den nicht vollberechtigten Bürger auf Zeit, der mit dem Erwerb des Bürgerrechts in die Dienste der Stadt trat. Darüber hinaus gab es den "Usburger", den nicht in der Stadt ansässigen Schutzgenossen. Schließlich gab es noch die sogenannten "Unburger, welche nit burger sonndern allein ynnwoner unnd söldner sind."[142] Diese wurden zuweilen auch Hintersassen genannt.

Betrachtet man nun die Opfer der Hexenprozesse unter dem Aspekt dieser gesellschaftlichen Gliederung, so fällt auf, daß die Mehrzahl derselben der sozialen Schicht der "Unburger" zuzuordnen ist. Der Bürger unterschied sich vom Unbürger in erster Linie durch den Besitz besonderer Rechte. Weniger groß war der Unterschied in der Pflichtenstellung von Bürger und Unbürger, da die meisten öffentlichen Lasten, insbesondere aber die Steuern vom jeweiligen Vermögensstand abhingen. Dabei ist zu erwähnen, daß auch die Unbürger zuweilen steuerbares Vermögen besaßen. Wie bei allen wesentlichen Entscheidungen, so bestimmte auch über Aufnahme und Ausweisung der Unbürger der Magistrat. Die Rezesse von 1688 und 1782 legen die bereits vorher gängige Praxis schriftlich fest. Demnach sollten Unbürger nur in beschränkter Anzahl und auch nur dann aufgenommen werden, wenn sie der Bürgerschaft nicht zur Last fielen. Sie hatten kein unentziehbares Recht,

---

141) Vgl. Knubben, Lebensverhältnisse in Rottweil, 1983, S. 33.

142) P. Schellhorn, Beiträge vornehmlich zum Privatrecht der Reichsstadt Rottweil a. N. nach dem Rechtsbuch von 1546, (masch.-schr.) Diss. iur./ Tübingen 1923, S. 37ff.

in der Stadt zu leben und konnten "jederzeit mit Billigkeit in ihre Heimat verwiesen werden."[143]

Es war daher nicht selten, daß Unbürger, die kleinerer Vergehen schuldig waren, aus Stadt und Land verwiesen wurden. Dementsprechend erhielten sie auch das Bürgerrecht nur selten verliehen. Was ihre Pflichten betraf, so hatten die Unbürger den jährlichen Sitzgulden zu entrichten, sie mußten auch Fron- und Wachdienste verrichten. Dabei besaßen sie keine politischen Rechte und mußten sich "allen bürgerlichen Nutzens und Genusses enthalten".[144] Der allgemeine Weidgang war ihnen verwehrt, und wollten sie heiraten, so brauchten sie auch die Zustimmung des Stadtrates. Ordnet man diese Unbürger einer Berufsschicht zu, so waren es größtenteils Tagelöhner und Knechte.

Wendet man sich der Situation der dörflichen Gemeinden des Territoriums zu, so war auch hier der Magistrat zuständig für die Neuaufnahme von Dorfbürgern. Auch auf dem Land sollten Bürger und Hintersassen nur "aus fast unausweichlichen Ursachen" aufgenommen werden. Der männliche Neubürger hatte fünfzehn, eine Frau zehn und ein Kind fünf Florin Aufzugs- oder Bürgergeld in die Kamerallandschaftskasse und noch einmal die Hälfte dieses Betrages an die Gemeindekasse zu zahlen. Über einen längeren Zeitraum betrachtet, stieg das Aufzugs- oder Bürgergeld zwischen 1562 und 1759 von vier Florin auf fünfzehn Florin an, was einerseits dem Trend einer allgemeinen Preissteigerung entsprach, andererseits aber auch eine Reaktion auf die Vielzahl der Neuzuzüge darstellt.[145] Nach althergebrachter Weise bestimmte die Jahrgerichtsordnung von 1759

> "damit die Hintersassen durch Erkaufung einiger Güter oder Häuser sich nicht festsetzen und sich also unaustreiblich machen können, so solle ihnen dergleichen Er-

---

143) Rezesse von 1688 und 1782.

144) Rezesse von 1688 und 1782.

145) Extract aus dem Rottweiler Jahrgerichtsbüchlein von 1562, Beilage zum Rottweiler Bericht an den Reichshofrat vom 08.01.1685, HHStAW, RHR, Ant. 750/4 fol. 111.

kaufung oder Einhandlung nicht gestattet werden. Deshalb sollen die Herrn Obervögte keinem Untertanen oder Fremden von sich aus selbsten eine neue Wohnung, oder ein Haus auf einen eigenen oder Lehenplatz zu erbauen erlauben, sondern sie sollen diese an uns verweisen."

Diese Bestimmungen müssen im Kontext zur wirtschaftlichen Lage Rottweils gesehen werden. In einer Zeit, in der die Weidewirtschaft wesentlich war, und die Nahrungsversorgung nur für eine bestimmte Bevölkerungszahl als gewährleistet betrachtet werden konnte, stellte die Überbevölkerung durch Zuzug neuer, vor allem ärmerer Bewohner, ein ernstzunehmendes Problem dar. Sie mußten vom "Wohlfahrtssystem" der Stadt getragen werden und wurden für die caritativen Einrichtungen zur Belastung. Diese wiederum hatten keinen unbedeutenden Einfluß auf die wirtschaftliche Situation der Stadt.

Die Bruderschaft zum Beispiel bot mit ihrem Vermögen einen festen wirtschaftlichen Rückhalt für Rottweil. So trug sie einen großen Teil der öffentlichen Lasten, wobei vor allem die Leistungen der Bruderschaft an Hilfsbedürftige hervorzuheben wären. Dazu gehörte die wöchentliche Versorgung zahlreicher Armer und sozial Schwacher mit Brot. Ferner sind hier noch das Rottweiler Spital, das Blatternhaus und das Krankenhaus der Kapuziner[146] zu nennen, die beide, Alte und Kranke beherbergten. Die Armenverpflegung wurde aus dem Spital gereicht. Dieses lieferte täglich "einen scherpfen mit cost" an das Blatternhaus, von der Bruderschaft kam ein "khindtsstückh brodt".[147] Dementsprechend war das Blatternhaus wirtschaftlich von Spital und Bruderschaft abhängig. Die finanzielle Belastung der öffentlichen städtischen Armenfürsorge wurde in erster Linie von Spital und Bruderschaft getragen. Das Blatternhaus nahm bis ins 17. Jahrhundert hinein Personen auf, die wegen schwerer Erkrankung versorgt werden mußten. Mit einigen Ausnahmen waren meist Frauen Einwohner des Blatternhauses.[148]

146) RPR v. 17.04.1629.

147) RPR v. 04.09.1634; RPR v. 16.07.1596.

148) RPR v. 04.09.1634; RPR v. 15.05.1645 bezüglich der "Blatternweiber".

Blatternhaus und Spital boten Obdach und Verpflegung für die Alten, die alleinstehenden und verarmten Witwen, Waisen und verlassenen Ehefrauen. Auch die hinterlassenen Kinder der als Hexen hingerichteten Frauen wurden zuweilen, wenn sich keine Anverwandten fanden, ins Spital aufgenommen.[149]

Weshalb kaum Opfer der Hexenprozesse trotz bitterer Armut im Blatternhaus aufgenommen wurden, erklärt sich einmal durch die starke Überlastung des Hauses, das nur nach Sterbefällen Neuzugänge aufnehmen konnte, zum anderen aber dadurch, daß man im Spital und Blatternhaus auf den vorhandenen Bürgerstatus achtete.[150] Die Opfer der Hexenprozesse waren aber oft Unbürger und kamen daher nicht in den Genuß dieser Einrichtungen. So können auch nur wenige Malefikantinnen aus dem Blatternhaus nachgewiesen werden. Es handelt sich dabei um Anna Scherlin, Witwe des Georg Beelchen, die 1588 als Hexe hingerichtet wurde[151] sowie um Appolonia Klugin, die 1585 hingerichtet wurde.[152]

Die reichsstädtische Verwaltung nahm sich der Armen, Schwachen, Kranken und der von Unglücksfällen Betroffenen an. Der Magistrat legte die Bedürftigkeit der Almosenempfänger fest und regelte auch deren Unterhaltsverhältnisse oder erteilte einzelnen Bürgern besondere Unterhaltsauflagen.[153] Das Ausmaß des Bettelwesens sollte vom Magistrat gesteuert werden,

---

149) RPR v. 12.11.1583: "Anna Hüllingerin hinterlassens Kind in dem Spital zu nemen gerathen worden, mit dem geding, das zuvorderst von der Hinderlassenschaft alle Gläubiger befriedigt, hernacher das übrog dem Spital leubdunger weis und so lang dieses Kind darinn erhalten zugestellt werden soll. Und im Fahl dies Kind zu seinen Tagen kumpt, ein Handwerk erlernete, und also sein gelegenheit außerhalb des Spitals für ehrlich suchte, soll ime das Lehen so von meinen Herren Verordneten gemeiner statt herrürtt wiederum doch mit gebührender danckhbarkeit, inhandig gemacht werden."

150) RPR v. 02.12.1702.

151) W. Armbruster, Protocollum aller Urgichten (1588), Eintrag des Jahrgangs 1588, o. D.

152) StAR (wie Anm. 11) II/I/V/8/35.

153) Als Beispiel sei hier der Eintrag im RPR vom 13.01.1710 zitiert: "Ursula Meyerin. Weilen dise närrisch worden, also das ein Unglückh zu besorgen, als ist erkenth, es sollen beeder gebrüder als H. Zr. Johannes und Caspar die meyer - ihr schwester entweder

indem man die Zahl der Armen innerhalb der Stadtmauern begrenzen wollte, da deren Aufenthalt und Verweildauer regelmäßig als zu häufig bzw. zu lange empfunden wurde.[154] Die reichsstädtische Polizei war vor allem an der öffentlichen Sicherheit interessiert, weshalb der städtische Wachtdienst das Eindringen wandernden "Gesindels" wie Kesselflicker, Hausierer, Bettler und Landstreicher verhindern sollte.[155]

So wurde der Gemeinde Mühlhausen im Jahr 1565 folgendes Gebot erteilt:

> "Es soll auch fürtehin kainer den fremden umbschwaiffenden Keßlern, landfarern und Spenglern, weder kupfferin Kessel, pfannen, oder ainich ander kupfferin geschir zemachen, zebessern, noch zu flicken geben, Noch Insonderheit kain Kupfer, wenig oder viyl zu kauffen geben, er sey dann zünfftig zu Rottwil, bey peen, unnd unablößiger straff ains guldins."[156]

Die Bettelvögte und Torwächter, die von der Stadt zur Kontrolle der Tore und der Innenstadt angestellt wurden, stammten in der Regel selbst aus der städtischen Unterschicht. Ihre Aufgabe bestand darin, fremde Bettler aus der Stadt zu weisen.[157] Wandernden Armen wurde nur gestattet, freitags die Stadt tagsüber zu betreten, unter der Voraussetzung, daß sie sich vorher registrieren ließen. Dies galt für die Stadt, nicht aber für das Territorium derselben, das die Bettler ungehindert durchzogen. In Stadt und Altstadt war auch ihr Übernachten unter Strafe gestellt.[158]

---

selbsten zu sich nemmen und anbinden, oder aber dem scharpffrichter zu currieren übergeben."

154) RPR v. 26.04.1591; RPR v. 20.11.1649.

155) Laufs, Verfassung, 1963, S. 110.

156) M. Reinartz (Hg.), Gebote und Verbote der Heilig Kreuz Bruderschaft Rottweil für die Dörfer Deißlingen, Dauchingen, Weilersbach und Mühlhausen. Eine Sammlung von Rechtsvorschriften aus dem 16. Jahrhundert, Villingen-Schwenningen 1987, S. 13.

157) RPR v. 22.12.1584; RPR v. 31.09.1586 bezüglich fremder Bettler aus Bühlingen und Hausen.

158) RPR v. 30.06.1588; RPR v. 20.11.1649.

Um die einheimischen Armen von den fremden zu unterscheiden, wurden sie in Bettellisten eingetragen und durch ein Schild bzw. ein bedrucktes Stoffzeichen an der Kleidung gekennzeichnet.[159] Almosenausgabe und freier Bettel waren nur an bestimmten Tagen möglich: mittwochs für die Bürger, freitags für die Unbürger, Hintersassen und arme Untertanen aus dem reichsstädtischen Territorium.[160] Die Bedürftigkeit der Almosenempfänger sollte wegen ihrer starken Belastung für die Stadt auch immer wieder überprüft werden.

Wer Almosen erhielt, wurde zu einem christlichen Lebenswandel angehalten, durfte weder spielen noch im Wirtshaus zechen. An Betteltagen fand unter Aufsicht der Bettelvögte ein Gottesdienst in "unser frawen capellen" statt bzw. ein Rosenkranzgebet bei den Dominikanern.[161] Es ist offensichtlich, daß die konsequente Aussperrung von Bettlern und wandernden Mittellosen zu einer verstärkten Hinwendung derselben zum ländlichen Umland Rottweils führte. Hinzu kam, daß viele der nichtseßhaften Armen ihr Bürgerrecht wegen Gesetzesübertretungen oder Verbrechen verloren hatten und deshalb aus ihrer Heimat verwiesen wurden. Viele Notlagen waren auch Folgen eines Krieges oder von Mißernten.

Bedenkt man die soziale Herkunft der Opfer Rottweiler Hexenprozesse - die Mehrzahl ist, wie oben angemerkt, den ärmeren Bevölkerungsschichten[162] (entweder mittellose Umherziehende oder Angehörige der ärmeren Land- oder Stadtbevölkerung[163]) zuzuordnen - und stellt man dann die Frage nach

---

159) Erneuertes Recht 1546, f. 131v.

160) J. Mehl, Aussatz in Rottweil. Das Leprosenhaus Allerheiligen der Siechen im Feld (1298-1810), Rottweil 1993, S. 191.

161) RPR v. 20.07.1628.

162) Zum Problem der Armut in der frühen Neuzeit im allgemeinen vgl. W. Abel, Massenarmut und Hungerkrisen im vorindustriellen Europa, Hamburg/Berlin 1974.

163) Hier gilt auch für Rottweil die Erkenntnis A. Macfarlanes, Witchcraft in Tudor and Stuart England. A regional and comparative study, London 1970, S. 151: "It was usually the moderately poor, like the woman who felt she ought to get poor relief, but was denied it, who were accused [...] The victims of the witches appear to have come from a slightly higher level." Auch im benachbarten Württemberg sind die Opfer in

den treibenden Kräften der Verfolgung, so müssen hier als Antwort die städtischen bzw. dörflichen "Besitzbürger" genannt werden. Unter diesen wiederum sind solche hervorzuheben, die sich in der städtischen Hierarchie und hier besonders im Rat etablierten, wo sie als "moralische Unternehmer"[164] eine Schlüsselstellung innehatten. Hier ist für Rottweil zum Beispiel der Ratsherr, Deputierte zur Malefiz und spätere Bürgermeister Leonhard Khuon zu nennen.

Die Opfer waren arm oder verarmt, oftmals Fremde, die zudem das 'Wohlfahrtssystem' belasteten. Häufig ließen sie sich auch noch kleinere Vergehen zuschulden kommen, oder sie waren gar kriminell, was vor allem auf die männlichen Opfer zutrifft. Daß derartige Leute für diejenigen, die ihren Platz im Gesellschaftsgefüge 'verteidigten', als Last und als 'schädlich' empfunden wurden, ist offensichtlich. Es ist demnach naheliegend, daß man ihnen auch noch eine Verbindung mit dem Teufel nachsagte. Folgender Eintrag im Ratsprotokoll läßt dies deutlich werden:

> "Abschaffung eines Bettelkhinds: Ein ersamer Rat hat befohlen, weil ein Khindt alhier in der Stat umbgeht, so mit der Hexerey behafft, und under Rottenmünster daheimb ist, das die Bettelvögt selbiges aus der Stat schaffen und es nit mehr herinnen kommen lassen sollen."[165]

Der gleiche Bescheid erging im Falle des "Schwarzkünstlers" Hans Fischer von St. Gallen, "weil erscheint, daß durch sein verpottene Kunst under den bürgern großer Neid und Mißverstand erwachsen möchten, das er die

---

der unteren ländlichen Schicht zu finden. Vgl. A. Raith, Herzogtum Württemberg, in: Lorenz (Hg.), Hexen, 1994, Aufsatzband S. 197-205, hier S. 199. Anders hingegen im benachbarten Hohenberg. In Oberndorf und Rottenburg sind Angehörige der Oberschicht als Opfer betroffen, wobei dort Korruptionsaffairen ausschlaggebend für die Verfolgungen gewesen sein dürften. Vgl. Dillinger, Grafschaft Hohenberg, in: Lorenz (Hg.), Hexen, 1994, Aufsatzband S. 245-251, hier S. 245.

164) H.S. Becker, Außenseiter. Zur Soziologie abweichenden Verhaltens, Frankfurt a.M. 1973, S. 138.

165) RPR v. 13.03.1635.

Statt noch heuttigs Tags räumen, den dann die Knecht bis er ab meiner Herren baden khommen, fieren und beclaiten sollen".[166]

So stellt auch Michel Schwartz in seiner Zeugenaussage gegen Catharina Weissin eine Verbidung zwischen Bettelleuten und dem Hexereidelikt heraus: "er sagt bey seinem aydt, daß ein Weib daselbsten der Türckh genannt, gehe bisweilen in der Stadt betlen, der Hexerey halben alwegen in starckhem Verdacht."[167]

Auch sollten solche Leute, die im Gerede waren, mit Magie, Hexerei oder Schwarzkünstlerei behaftet zu sein, und nach Rottweil kamen, um zur Wiederherstellung des guten Rufes am Hofgericht zu klagen, nur solange als nötig in der Stadt geduldet werden. Der Kontakt zu den Rottweilern sollte während dieser Zeit so weit wie möglich eingeschränkt werden.[168]

Es wurden auch in zeitlichen Abständen verschiedener Länge 'Ausweisungsaktionen' von Unbürgern durchgeführt, wenn deren Anzahl nach Ansicht des Magistrates das sozial verträgliche Maß überschritt.

Aufschlußreich sind in diesem Zusammenhang verschiedene Urgichten. So bekannte Anna Müller 1581, in ihrem Verführer, der sich Hölderlin genannt habe, einen Zigeuner zu erkennen.[169] Magdalena Stimmler aus Waldmössingen gab 1572 folgendes an:

> "Als jüngst in Rottweil der Unburger halber Ordnung fürgenommen worden sey, und sie in Folge dessen die Stadt haben verlassen müssen, sey ihr wie sie eben traurig und niedergeschlagen Dietingen zugegangen sey, ihr Bul begegnet, hätte sie um

166) RPR v. 15.05.1592.

167) StAR (wie Anm. 11) II/I/V/8/95.

168) RPR v. 17.09.1583: "Deuffelsbeschwerer. Hans Spleißer arzet von Fritlingen soll man ahnzeigen das er seinen Pfennig anderswo verzeren mög und die Stat alhie räumen. Weil aber er Hofgericht glaidt wegen ahngefangner Rechtverteidigung hat, leßt man ine die Hofgericht zu besuchen zu."

169) StAR (wie Anm. 11) II/I/V/8/18.

> die Ursache ihrer Niedergeschlagenheit gefragt, und auf ihre Antwort, daß er schuldig sey, daß man sie nicht mehr in der Stadt gedulden wolle, zu ihr gesagt: 'Wenn die von Rottweil solche Leute alle vertreiben, soll es ihnen leid werden' und hätte ihr, nachdem er in Unehre mit ihr zu tun gehabt, einen Scherben mit schwarzer stinkender Materie gegeben, den sie umschütten sollte."

Sie hätte dies nicht tun wollen, weil man sie sonst gleich im Argwohn einer Hexe haben würde, da er ihr aber mit Schlägen drohte, hätte sie den "Scherben" umgeschüttet,

> "worauf ein Dampf gen Himmel gefahren, und bald darauf ein ungestümes Hagelwetter erfolgt sey. [...] Der böse Geist habe ihr auch bevohlen einen Schneider, der sie eine alte Unholdin geschimpft und sie aufgefordert habe, mit ihr zu trinken, in die Augen zu blasen, was sie gethan hätte, worauf derselbe blind, aber auf sein inständiges Bitten und auf Befehl des bösen Geistes selbst von ihr gleich wieder geheilt worden sei".

Auch von anderen Personen sei sie öfters ein böses Weib und Unholdin gescholten worden, hätte dies allemal dem bösen Geist geklagt, und von ihm den Rat erhalten, "jene Leute anzublasen oder sie an den Hüften zu berühren, worauf sie krank werden würden, was auch geschehen sey".[170]

Eng mit der Armut kausal verbunden ist aber auch das Phänomen der Prostitution, das in verschiedenen Modifikationen immer wieder auftritt. Derartig abweichendes Verhalten war dementsprechend auch immer gleich suspekt. Es ist demnach auch nicht verwunderlich, wenn der Epfendorfer Schmied Hans Berlin in seiner Zeugenaussage gegen Catharina Weissin eindeutig auf die Verbindung zwischen Hexerei und Hurerei hinweist:

> "es habe vor ungefahr 6 oder 7 Jahren ain Magd bei dem andern Müller daselbsten gedienet, welche ainsmahls beim Dantz gehlingen erkrankhet und bald hernach gestorben, habe auch die Magd gesagt und seye darauf gestorben, daß Ihro etwas von bösen Leuthen widerfahren, damals aber habe er nie gehört, daß des Stiemp-

---

170) StAR (wie Anm. 11) II/I/V/8/7.

pen Weible Ihretwegen in Verdacht gewesen, sonsten aber seye sie hiebevor der huorey halben in großem Verdacht und das sie derowegen auch ain Unholdt seye, sehr in Argwohn gewesen."[171]

Daß Angehörige sozialer Randgruppen, 'Nonkonformisten' und Abweichler von den bestehenden Regeln des Zusammenlebens den größten Teil der Prozeßopfer ausmachen, vor allem nämlich deshalb, weil sie über das geringste "soziale Kapital" verfügen, ist hier wie in vielen anderen Territorien Untersuchungsergebnis.[172]

II.10 Der Prozeß

II.10. 1 Der Rat und die "Herren Fünf"

Die vor dem Magistrat verhandelten Strafprozesse waren Inquisitionsprozesse, das heißt die Einleitung eines Strafverfahrens ist nicht von dem Formalakt der Anklage abhängig, sondern ohne Formgebundenheit der obrigkeitlichen Initiative überlassen.[173] So gab es in der Regel keinen besonderen Ankläger; der Rat war sowohl untersuchendes als auch urteilendes Gericht. Doch auch hier gab es Ausnahmen.

---

171) StAR (wie Anm. 11) II/I/V/8/95.

172) Zu diesem Ergebnis kommt auch E. Labouvie in ihrer Untersuchung des Saarraumes. E. Labouvie, Zauberei und Hexenwerk. Ländlicher Aberglaube in der frühen Neuzeit, Frankfurt a. M. 1991, S. 182 f. Anders hingegen Macfarlane, Witchcraft, 1970, S.151: "The major positive conclusion is that suspects were, on the whole, of a slightly lower status than their accusers. Yet they were not necessarily the poorest in the village. No direct connexion can be drawn between poverty and accusations."
Völlig anders hingegen W. Rummel, Bauern, Herren und Hexen. Studien zur Sozialgeschichte sponheimischer und kurtrierischer Hexenprozesse 1574-1664, Göttingen 1991, S. 319, der die Opfer in den lokalen Führungsschichten ausmachen kann, wo politischer Einfluß und Wohlstand die Anfeindungen bewirken. Ähnliche Verhältnisse finden sich auch in Rottenburg. Vgl. Dillinger, Hohenberg, in: Lorenz (Hg.), Hexen, 1994, Aufsatzband S. 245-251.

173) H. Henkel, Strafverfahrensrecht. Ein Lehrbuch, Stuttgart/ Köln 1953, S. 22.

So klagte 1566 Hans Nagoldt von Dunningen vor dem Rat gegen seine Frau Margret Schwartzin, dieselbe sei "böser weyber kindt", es sei "kain Christen Bluotstropfen an Ir wa man sy fenglich annemen die strenge mit Ir gebrauche [...]".[174] Er hatte allerdings wenig Erfolg. Neben seiner Frau wurde auch er gefangengesetzt und nachdem man erstere examinierte und für unschuldig befand, wurde sie wieder entlassen. Hans Nagoldt mußte öffentlich bekennen, daß er "an obgemelten reden unbedechtlich, frefenlich muotwillig und strefflich mißhandlet, und vorgemelter meiner Hausfrawen darmit Unrecht gethan". Anschließend mußte er Urphede schwören. Offenbar erkannte der Rat die Gefahr, die diese Art von Bezichtigungen mißliebiger Personen mit sich brachte.[175]

Die Opfer der Hexenprozesse wurden meist durch Folter erpreßte Besagungen gefunden. Dabei wurden häufig Leute aus dem näheren Bekanntenkreis besagt oder solche, die bereits im Gerücht standen, Hexen zu sein. Besonders häufig werden auch bereits hingerichtete Personen genannt.[176]

Bevor der Rat über das Urteil entschied, wurde der Fall von dem städtischen Ausschuß, den sogenannten Deputierten zur Malefiz oder "Herren Fünf" untersucht. Es ist nicht sicher, ob diese Deputiertengruppe aus einer Ratskommission entstanden ist, die regelmäßig zur Untersuchung der Delinquenten abgeordnet wurde, oder ob sie auf das alte Amt der oben genannten fünf geheimen Räte zurückzuführen ist. Neben ihren politischen Aufgaben hatten diese "Fünfer" dem Schultheißen wohl im Lauf der Zeit die Verpflichtung zur Strafverfolgung abgenommen. So sind sie in der Strafverfolgung nicht erst nach der Bestimmung des Rechtsbuches von 1546 tätig, sondern sie tauchen bezüglich der Gefangennahme von Verbrechern bereits 1528

174) StAR (wie Anm. 11) II/IV/6/4. Als Zeuge dieser Urphede tritt Sixt Tannhauser, seit 1563 Schaffner der Johanniterkommende, auf. Vgl. hierzu auch W. Hecht, Die Johanniterkommende Rottweil, Rottweil 1971, S. 121.

175) Dementsprechend war die materielle Strafe für die unrechtmäßige Titulierung "Unhold" auf 5 Pfund Haller festgesetzt. Reinartz (Hg.), Gebote und Verbote, 1987, S. 10.

in Schreiben der Städte Schaffhausen und Ach im Hegau auf.[177] Auf einer Art Haftbefehl in Form eines undatierten Zettels, der schriftmäßig aus dem 16. Jahrhundert stammen dürfte, ist folgendes zu lesen: "Vermerckt übeltätter, so den fünffen angeben und nach inen zu stellen."[178]

Wahrscheinlich waren diese "Fünfer" neben der Stadt auch im Pürschgericht zur Strafverfolgung berechtigt, da alle schweren Delikte in Stadt und Pürsch vor dem Rat abgeurteilt wurden.

Dieser Ausschuß unterrichtete den Magistrat nach der "gütlichen und peinlichen Befragung" vom Ergebnis dieser Untersuchung. Der Magistrat fällte daraufhin entweder das Urteil, oder er bat eine auswärtige Juristenfakultät - Freiburg oder Tübingen - um ein rechtliches Gutachten, oder er wandte sich an die örtlichen Rechtsgelehrten um einen juristischen Rat.[179] Hinweise darauf finden sich in den Eintragungen der Ratsprotokolle. So im Falle der Kunigunde Bantlin[180], oder etwa in einem Eintrag des Ratsprotokolles bezüglich der Brigida Paurmännin, in dem es heißt:

> "uff abermalen gethane Relation h. Jacob Blumen wegen der gefangenen frawen. Ist beschaidt weil die sach gantz schwer, und sonsten vermög Kay. Carlins Halsgerichtsordnung, In Malefizsachen, ohne Rat der Gelehrten nit volnfahren werden, so sollen hierinnen auch die Rechtsgelehrten consultiert werden."[181]

Ähnlich wie in anderen Reichsstädten (zum Beispiel Ulm) gab es in Rottweil keine Revision oder ein anderes Rechtsmittel gegen Entscheidungen des Rottweiler Rates in Strafsachen. Es widersprach wohl der harten Verfahrensweise der peinlichen Gerichtsbarkeit, ein bereits gefälltes Urteil erneut zu

---

176) Vgl. hierzu die Besagungen der zu Oberndorf hingerichteten Hexen, StAR (wie Anm. 11) II/I/V/8/63.

177) StAR (wie Anm. 11) II/III/1/5 (Schaffhausen) und StAR (wie Anm. 11) II/III/1/6 (Ach).

178) StAR (wie Anm. 11) II/III/1/10a.

179) Vgl. den Eintrag RPR vom 21. Juli 1592.

180) RPR v. 15.05.1676.

hinterfragen. Die einzige Möglichkeit, eine Abänderung bereits gefällter Urteile - sei es von Stadtgericht, Pürschgericht oder Rat - zu erlangen, war die Hinwendung zum Rat als alleiniger Gnadeninstanz. Allerdings erfolgte dabei keine rechtliche Nachprüfung der Urteile, auch nicht von einer außerstädtischen Instanz.[182]

II.10.2 Besagungen, Zeugenaussagen und Inhaftierung

Nachdem jemand als Hexe oder Hexer mehrfach besagt und verschrien war, wurde die Person in Haft genommen. Dementsprechend war der Leumund von besonderer Bedeutung, und zwar sowohl der der Verdächtigen, als auch - zumindest de iure - derjenige der Verdächtigenden. So heißt es in Artikel 25.1 CCC:

> "ob die verdächtige eyn solche verwegene oder leichtfertige person, von bösen leumut und gerücht sei, daß man sich der Missethat zu ir versehen möge, oder ob die selbig person dergleichen missethat vormals geübt, understanden habe, oder beziegen worden sei. Doch soll solcher böser Leumut nit von feinden oder leichtfertigen leuten, sondern von unparteiischen redlichen leuten kommen."[183]

Hochgefährlich war es, aufkommenden Gerüchten nicht energisch zu entgegnen.[184] Versuchte sich die beschuldigte Person nicht gemäß geltendem

---

181) RPR v. 13.08.1592.

182) Leist, Reichsstadt, 1962, S. 176.

183) Die Peinliche Halsgerichtsordnung Kaiser Karls V. von 1532, hg. von G. Radbruch, Stuttgart 1991, S. 42.

184) Einige Frauen von Kappel, die beim Verhör nichts bekennen wollten, baten immer wieder "das man an denen Orten, da sie gewohnet, wie sie sich gehalten, Erkundigungen einnemen wolle." RPR v. 21.06.1594.
Cordula Müller verstrickte sich beispielsweise zusehends in Hexereibeschuldigungen, da sie derartige Gerüchte auf sich beruhen ließ. "Und dieweil sich befunden, das die Cordula Müller ein Gericht ganz gelaubet und ahn ir zuläßt, anderwertig soll man sey durch den Priester erinnern und dann die Schärpfe nicht weniger gegen ir fürnemen falls sachen ordentlicher weyss beschrieben." RPR v. 25.09.1583.
Des weiteren: "Uff relation der herren verordneten über Elisabetha Pfinning, beschreitter Hexerei eingezogener Person halber ist denselben ferner mit peinlicher Frag

Recht von dieser Ehrverletzung zu reinigen, konnte ihr rechtmäßig unterstellt werden, die Beschuldigung bzw. den Verdacht als wahr zu akzeptieren.[185] Andererseits konnte sich auch eine Verleumdungsklage als lebensbedrohlich erweisen, nämlich dann, wenn in einem Injurienprozeß der Hexereiverdacht gegen die Anklägerin bestätigt wurde. Damit wurde die Klägerin zur Angeklagten.

Die Inhaftierungen konnten, sofern sie in den umliegenden Dörfern des Pürschbezirkes vorgenommen wurden, durchaus kostspielig sein, da in manchen Fällen ein Aufgebot von 53 bis 200 Mann zu Roß und zu Fuß dafür herangezogen wurde.[186] Dieses große Aufgebot erklärt sich wohl dadurch, daß derartige Verhaftungen nicht immer ohne Widerstand verliefen. Als im November 1589 Margaretha Rall aus Lackendorf in Abwesenheit ihres Mannes nach Rottweil abgeführt und ihr der Prozeß gemacht wurde, was sie auf den Scheiterhaufen brachte, kam ihr Mann mit einer "Tachsgabel" bewaffnet in die Stadt. Dort hat er

> "die Stattknecht mit fürgenomnem Trutz und Hochmuth angeredt, sie hetten mein Hausfraw gefangen, und wan ich anheimsch, und iren zehen gewesen, wüesten sy, sie nit gefangen haben, oder ich wolt mit inen verrißen worden sein, wels auch vor dem Kayser verclagen, und man solte nur sehen, was man gethan [...]".[187]

Doch auch hier endete der Widerstand mit Inhaftierung. Gall Wellhaber wurde, nachdem er Urphede geschworen hatte, wieder entlassen.

---

zu verfaren und dem Nachrichter über sey zu beschückhen gewalt gegeben worden." RPR v. 25.06.1585.

185) Vgl. hierzu auch C. Maier, Die Anfänge der Hexenprozesse in Lemgo, in: G. Wilberts/G. Schwerhoff/J. Scheffler (Hg.), Hexenverfolgung und Regionalgeschichte. Die Grafschaft Lippe im Vergleich, Bielefeld 1994, S. 83-106, hier S. 103.

186) Vgl. die Eintragungen im "Protocollum aller Urgichten" über die Urgichten der Agnesa Lepschin und Margaretha Friesin, beide aus Seedorf, vom 17.10.1587. Das große Aufgebot erklärt sich in diesen Fällen allerdings aus einem unrechtmäßigen Ausfall der Rottweiler in fremdes Hoheitsgebiet.

187) StAR (wie Anm. 11) II/I/V/9/39.

Wie kam es nun dazu, daß sich ein Leumund verschlechterte? Welche Aussagen machten die Zeugen, die regelmäßig zum Verhör gehört wurden? Wie soziale Konflikte respektive abweichendes Verhalten zu einer Verdachtsverdichtung führen konnten und wie aufkommende Gerüchte sich gefährlich summieren können, soll im folgenden an einem Beispiel dargestellt werden.

Die Zeugenaussagen beziehen sich auf einen Fall aus dem Jahr 1643, der bereits kein tödliches Ende mehr fand, sondern mit Landesverweis geahndet wurde. Angeklagt war Ursula Hengsteler, genannt "Hausemer Weible", Witwe des Balthasar Hengsteler aus Hausen ob Rottweil.[188]

Erste Zeugenaussage: Anna Doserin sagt aus, sie habe mit ihrem Kind gespielt, worauf das "Hausemer Weible" ihr Kind "hinderwärts erwischt und es erschröckt mit vermelden 'Ist das ein guter Motscher'[189]". Daraufhin wird dem Kind übel und die Mutter entdeckt die Blattern unter seinem Arm. Sie sagt: "Behüt mich Gott, was ist dem Kind geschehen? worauf Ursula vermeld, soll es hinaus legen, sei eben faul." Der Gesundheitszustand des Kindes verschlechtert sich, worauf sich die Mutter mit anderen Frauen des Dorfes berät. Gemeinsam beschließen sie, zu Ursula zu gehen. Auf dem Weg dorthin werden sie von Adam Molln gewarnt, "das Khünd nit zu Ihro zu tragen." Bei der Ursula angekommen, läßt diese sich zunächst von ihrer Tochter verleugnen. Schließlich werden die Frauen doch vorgelassen. Als sie die Ursula noch im Bett finden, fragen sie nach der Ursache hierfür. Darauf habe sie geantwortet, "daß dich der Donner und der Hagel schlag, wie hat mich der Sathan, Schelm und Dieb geschlagen, und als sie gefragt wer er seye, sie abermals geantwortet [...] der Müller habe sie geschlagen umb willen er sie in seiner Wies angetroffen". Die Mutter des Kindes habe

188) Vgl. hier und zum Folgenden StAR (wie Anm. 11) II/I/V/20/6.

189) Es gab die weitverbreitete Furcht, daß durch das Lob eines Menschen, das was er lobt, Schaden nehmen kann. Vgl. K. A. Tiemann, Handwörterbuch des deutschen Aberglaubens (HDA) V, Berlin/New York 1987[2], s.v. loben, Sp. 1311-1316.

"darauf die formalia geredt: 'Ich bitt dich umb Gottes willen, umb Gottes willen, umb thausent Gottes willen, khomb mit mir hinaus, du hast viehl Khündt gehabt, bist auch dein Lebtag umb viehl Khündt gewesen, du kannst etwan auch einen guten rath geben; worauf sie gantz freventlich vom beth aufgewischt mit vermelden 'Botz dausent Sacrament. Ich hab deinem Khündt nichts gethan'".

Nach Beschwichtigung durch die Frauen "hab sie Ursel gesagt die Zeugin solle nur wieder heimbgehen, es werde bis morgen wieder alles besser werden, welches beschehen, und gleich die blattern anfangen nidersitzen und der Knab noch bis an negstverwichnen Herbst gelebt". Als diese Zeugenaussage beendet war, sagte der "St. Jörgische Schreiber" in Bezug auf die Ursel, "sie werde lengsten wehrt gewesen, daß man sie im Rauch gehn Himmel geschüggt hette".

Zweite Zeugenaussage: Niklaus Uhl sagt, die Ursul habe ihn und Hans Jacob Jahn gebeten, ihr zu erklären, wie man sich bei einem "Leichgang" verhält. Jahn habe sich daraufhin schlecht gefühlt und habe gesagt,

"wie das Hausemer Weible zue Ihme khomben, was es zu Ihme gesagt, seye damahlen Ihme ein lawer lufft in den Mundt gangen, daher Ihme diese Krankheit khomben [...] Und als Ihr Bruoder Wolff Jahn dem Scharfrichter von Tryberg, so ohne das sich alhie befunden, das Wasser gebracht, und Ihme gebetten zum Vatter zuekhomben, habe der Nachrichter vermeldt, er habe sollen gantz lahm werden, die Person, die ihm solches gethan, habe vihl mit ihnen zu tun, der es dem Vatter gethan, habe solches seinem Khündt auch gethan, und Ihme das Markh aus den Bainen genommen [...] Und als Wolff am verwichenen Jarmarght in beysein des allhiesigen Scharpfrichters, Ihme solche gegenwertig zustellen begehrt, habe er Nachrichter sich verlauten lassen; Er khönde es wohl thun, seye auch Ihr Vatter darauf gestorben, das Ihme solches von offtermelter Ursul widerfahren, wie er dan solches bis ain letzten Tag als er gestorben, bestendig gesagt. Habe auch mehrerwehnete Ursul zue des Kropfkieffers Frawen, als er Jahn noch kranckh gewesen uf dem Acker gesagt, ob der Bolle noch nit todt seye, ob ihn die Hexen noch nit geritten?".

Des weiteren wird ausgesagt, die Ursula habe dessen kranke Mutter bekocht und gepflegt. Auch habe sie diese gesegnet, worauf eine Genesung eingetreten sei. Die Aussage schließt mit dem üblichen Satz: "Endet damit ihr aussag und Ist Ihme gewonlich stillschweigen ufferlegt worden".

Dritte Zeugenaussage: Meister Mathias Vollmer, der allhiesige "Scharpfrichter", bestätigt die Episode auf dem Jahrmarkt und auch, daß der Meister Jörg gebeten wurde, die Ursula zu befragen, "worauff Maister Jörg geantworttet, wan es das seye, wolle er machen, daß sie zue Ihme in das Haus khome, also das er nit über die Gassen gehn dörffe, khönde sie alsdann im Haus fraagen".

Vierte Zeugenaussage: Hans Elgas, Bürger von Rottweil erklärt: Der Jahn sei zu ihm gekommen und habe

> "vermeldet, das es nit recht zugehe wie dan in wehrender Krankheit. Er habe Ihme solches allezeit geclagt und der beständig mainung gewesen, das Ihme diser Zustand von ernanntem Weib widerfahren. Er aber Ihme und seiner Hausfrawen solches jederzeit ausgeredet".

Als sich der Zustand des Jahn verschlechtert, will derselbe "einmal darauf beichten und communicieren, das Ihme solcher Zustand von disem Weible khomme, welches er aber Ihme sovihl er khönden, ausgeredet".

Fünfte Zeugenaussage: Bascha Binder, Maurer und Steinmetz in Rottweil erklärt,

> "in einer nacht zwischen 1 und 2 Uhren seien ein starckher sturmbwündt wie ein wündtsbraut her: und in des Hausemer Weiblins Haus hineingefahren, daß die Tür gurrt, erzüttert, auch der Klopfer daran erschüttert und erkläppert und negst darneben gleich hernach ein jämmerliches Katzengeschray erhört worden, seye sonsten weder darvor, noch hernach gar kein lufft nicht gespührt worden".

Sechste Zeugenaussage: Anna Zuckherin trifft nach aufgekommenem und verdichtetem Gerücht das "Hausemer Weible" und fragt,

> "warumb es so trawrig seye, Es darauf Ier antwortt geben, man verfolge es also, man rupf und stech und sags Ihme doch niemands recht, worauf sie Zeugin gesagt, man sage sie habs dem Bollen gethan, worüber sie geantworttet, es gehe Ihro so wahr unrecht, als unser liebe Fraw nie nichts übels gethan, er werde noch feyrig herumblaufen".

Des weiteren habe das Hausemer Weible gesagt, "es habe die gantze woche schier nichts gessen, es sey Ihme so angst, es besorge, werde übel abgehn, das man Ihme nit auch botten".

Siebte Zeugenaussage: Brigitta Mollin habe "nur das allgemeine Geschray offtermahlen gehört".

Achte Zeugenaussage: Ursula Mayerin gibt an, die Ursula habe ihr mehrmals Milch angeboten; davon sei sie krank geworden. Später habe sie gesagt, "wann du mir Milch aus disem Haus bringst, will ich den Hafen und dich zum Haus hinaus werffen, will wohl eine kauffen, wo ich Lust zum essen hab, nit aus disem Haus".

Im Inquisitionsprotokoll folgt an dieser Stelle die Anmerkung, daß die Zeugen Anna Wildt und Ursula Mayerin

> "einen leiblichen Aydt zue Gott und den Heiligen geschworen, auch darbey der schweren Straff Meinayds alles ernstes erinnert und verwahrnet worden, daß alles dasjenige was sie ausgesagt und auff das papier verfaßt (inmaßen ihnen nochmahlen verständtlich vorgelesen) vorgeschriebner maßen also durchaus sich verloffen und zugetragen".

Die Fortsetzung der Untersuchung erfolgt am 3. August 1643. Zunächst erwähnt der Ratsherr Johannes Seickher folgende Episode, die ihm sein verstorbener Schwager Bascha Monteln erzählt habe. Als dieser einmal nach Hegenberg gegangen sei,

> "sei das obgedachte Ursula das Hausemer Weible genannt, Ihme uffm Weg begegnet in vermutlicher Mainung nacher Villingen in das Dörflin zu gehen, derowegen er sich vor Ihro gesegnet und zu Ihnen gesagt 'Dis Mensch habe Ihm nit gefallen'".

Neunte Zeugenaussage: Brigitha Gräfin erzählt, sie habe die Ursel beim Zechen gesehen, darauf sei dieselbe "allein in Hemdt und über dem Rückhen hinunder gehangenen Zöpfen in der Kammer herumb gesprungen und gedanzet und nur gelachet".

Zehnte Zeugenaussage: Brigitta Ammannin beschuldigt Ursula, beim Mehlmalen betrogen zu haben. Der Mann der Brigitta habe deshalb

> "einen steckhen zu sich genommen, sie uff einer wies angetroffen und also erschröcklich geschlagen, daß die Fetz vom steckhen gangen, wie er dann den zerfetzten steckhen herumbgebracht und Ihro gezeigt, mit dabei gethanem vermelden, sie seye also starckh ob der wies gerennt, daß er vermeint habe, sie fliege, seye nit anderst gewesen, als wan der lufft einen Huot ab der wies hinweg genommen hette, also starckh sey sie geloffen, daß er sie nit mehr errennen mögen".

Der vorliegende Fall ist, was den Ablauf des Aufkommens und Verdichtens eines Gerüchtes betrifft, geradezu typisch. Analysiert man das Inquisitionsprotokoll, finden sich gleich mehrere Konflikttypen. Elemente wie abweichendes Verhalten, Nachbarschaftsstreitigkeiten, soziale Schicht, Art der Integration in das Dorfleben, Alter und Personenstand haben hier in ihrer Gesamtheit zu einem Hexereiverfahren geführt.

Das "Hausemer Weible" ist eine ältere, finanziell schlecht dastehende Witwe, deren abweichendes Verhalten (Alkoholismus und Betrug beim Mehlmalen) öffentlich Anstoß erregt. Sie ist auch deshalb besonders stark gefährdet, weil sie keine einflußreiche Familie hinter sich hat, denn sozialer Status und guter Leumund sind eng miteinander verknüpft.[190]

Bei den Aussagen der Zeugen werden primäre und sekundäre Verdachtsmomente deutlich, das heißt solche, die kurze Zeit vor dem Prozeß liegen und solche, die bereits längere Zeit zurückliegen, eigentlich nebensächlicher Natur sind und damit zwar einen Beitrag zur Entstehung des Gerüchtes liefern, aber isoliert betrachtet weder zu einer Isolation im Dorf noch zu dem Prozeß führten.[191] Dabei werden harmlose Vorgänge (Aussage des Johannes Seickher sowie die Schilderung der Flucht vor dem Mann der Brigitta Ammannin, Zehnte Zeugenaussage) nachträglich zu verdächtigen Handlungen uminterpretiert. Die Formen abweichenden Verhaltens, die hier deutlich werden, sind Fluchen, Alkoholismus, Zanken, Eigentumsdelikte, zu langes Verweilen im Bett.[192] In einem solchen Fall, und dieser ist exemplarisch für die Mehrzahl der Rottweiler Hexenprozesse, kann auch nicht von einer Instrumentalisierung in dem Sinne einer Unterstellung des Hexereideliktes gesprochen werden. Die Identifikation der Person als Hexe ergab sich vielmehr aus deren asozialem Verhalten.

Rainer Walz unterscheidet drei typische Abläufe für ein zur Anklage führendes Gerücht:[193]

---

190) Vgl. hierzu I. Ahrendt-Schulte, Schadenzauber und Konflikte. Sozialgeschichte von Frauen im Spiegel der Hexenprozesse des 16. Jahrhunderts in der Grafschaft Lippe, in: H. Wunder (Hg.), Wandel der Geschlechterbeziehungen zu Beginn der Neuzeit, Frankfurt a.M. 1991, S. 216 sowie R. van Dülmen, Theater des Schreckens. Gerichtspraxis und Strafrituale in der frühen Neuzeit, München 1988, S. 15.

191) Vgl. zu dieser Unterscheidung R. Walz, Hexenglaube und magische Kommunikation im Dorf der Frühen Neuzeit. Die Verfolgung in der Grafschaft Lippe, Paderborn 1993, S. 269.

192) Ähnliches stellt in ihrer Untersuchung der schottischen Verhältnisse Christina Larner fest. C. Larner, Witchcraft and Religion. The politics of popular belief, Oxford 1984, S. 89-91: "The cursing and bewitching women were the female equivalent of violent males. They were the disturbers of social order; they were those who could not easily cooperate with others; they were aggressive [...]"

193) Walz, Hexenglaube, 1993, S. 301.

1. Die Frau war schon lange, oft Jahrzehnte, im Gerücht, ohne daß dasselbe zu Konsequenzen führte. Ein oder mehrere "schwere Delikte" führten in einer schnell verlaufenden Krise zur Verstärkung des Gerüchts und schließlich zur Inquisition.
2. Die Frau hatte bis kurz vor der Inquisition ein gutes Gerücht, kam relativ kontingent in den Verdacht, und die Krise verlief sehr schnell.
3. Die Frau hatte schon lange ein schlechtes Gerücht, das sich langsam steigerte. Für die Eröffnung der Inquisition war ein gravierendes Zauberdelikt nicht mehr erforderlich.

Die Auswertung der erhaltenen Quellen ergibt, daß in Rottweil, wie der vorliegende Fall exemplarisch aufzeigt, die erste Ablaufstruktur üblich war.[194]
Das Verbreiten des Gerüchts oder das Schreien war eine rechtlich relevante Verhaltensform, mit der der Verdacht nicht dem Beschuldigten (Sechste Zeugenaussage), sondern der Öffentlichkeit bekannt gemacht wurde. Wurde es aber in ihrer Gegenwart gemacht, war die Beschuldigte zu einer Reaktion gezwungen.[195] Die formelhafte Versicherung des Jahn (Vierte Zeugenaussage), daß er darauf sterben wolle, das heißt auch auf dem Sterbebett den Verdacht beibehalte, war eine Steigerungsform des Schreiens, das dessen Glaubwürdigkeit erhöhte. Der besondere Wert dieser Aussage liegt in der Überzeugung begründet, daß bei falscher Beschuldigung mit dem Verlust der Seligkeit gerechnet werden muß.
Eine weitere besondere Form der Bezichtigung findet sich in diesem Protokoll. Es handelt sich dabei um das Aus-dem-Haus-Rufen (Erste Zeugenaussage), das bäuerlichen Fehderitualen entstammt.[196]

---

194) Diese Ablaufstruktur nach dem Sündenbockschema in Verbindung mit einem langjährigen üblen Gerücht, prozeßgeneigter Obrigkeit und peinlicher Kettendenunziation findet sich auch in Esslingen. Vgl. G. Jerouschek, Die Hexen und ihr Prozeß. Die Hexenverfolgung in der Reichsstadt Esslingen, Esslingen 1992, S. 272.

195) R. Schröder/E. Frh. von Künßberg, Deutsches Rechtswörterbuch, Weimar 1914, II Sp. 114 ff.

196) G. Wiegelmann, Herausfordern aus dem Haus in der industriellen Welt, in: K. Köstlin/K. D. Sievers (Hg.), Das Recht der kleinen Leute. Beiträge zur rechtlichen Volks-

Besonders leidet Ursula Hengsteler unter der Isolation, in die sie nach aufgekommenem Gerücht gerät. Sie wird von der Dorfgemeinschaft gemieden (Sechste Zeugenaussage). Das Meiden einer Person wird als sicheres Indiz für deren Unehrlichkeit gewertet. Das Meiden einer Hexe hat nach Walz folgende Ursachen: Angst vor Behexung, Furcht vor Ehrverlust durch den Kontakt und Druck durch die Dorfbewohner.[197] Gegen das Meiden konnte kaum vorgegangen werden, da es natürlich keine rechtliche Grundlage zur Erzwingung sozialer Kontakte gab.

Neben seinem abweichenden Verhalten begeht das "Hausemer Weible" einen weiteren Kardinalfehler. Der Glaube, daß eine Hexe den von ihr angerichteten Schaden wiedergutmachen könne, veranlaßt die Geschädigten zur (nach der formalia dreifachen) Bitte, dem kranken Kind zur Genesung zu verhelfen (Erste Zeugenaussage). Daraus erklärt sich auch die darauf folgende wütende Reaktion der Ursula, die eine Täterschaft energisch bestreitet. Als sie, um ihre Ruhe zu bekommen, dann doch die Frauen mit Genesungsvoraussagen nach Hause schickt und diese Genesung dann auch noch eintrifft, wird dadurch der Verdacht, daß sie die Krankheit verursacht hat, enorm bestärkt.[198]

Weitete sich der Kreis der Verdächtigen durch die auf der Folter erpreßten Besagungen aus, so stammte im Vorfeld des Prozesses das Gerücht

---

kunde, Berlin 1976, S. 207 ff. Des weiteren K.-S. Kramer, Das Herausfordern aus dem Haus. Lebensbild eines Rechtsbrauches, in: Bayrisches Jahrbuch für Volkskunde (1956) S. 121 ff. sowie K.-S. Kramer, Nachrichten zum Komplex "Haus und Hof im Volksleben", vornehmlich aus Holstein, in: Kieler Blätter zur Volkskunde 2 (1970) S. 53 ff., v.a. S. 64 ff. Schließlich K.-S. Kramer, Grundriß einer rechtlichen Volkskunde, Göttingen 1974, S. 33 f.

197) Walz, Hexenglaube, 1993, S. 332.

198) Zur Heilung durch die Hexe als Bestätigung des Konflikts vgl. J. Beattie, Other cultures. Aims, methods and achievements in social anthropology, London 1992[5], S. 208-210. Vgl. auch W. Behringer, Hexenverfolgung in Bayern. Volksmagie, Glaubenseifer und Staatsraison in der frühen Neuzeit, München 1987, S. 92 f. und K.-S. Kramer, Schaden- und Gegenzauber im Alltagsleben des 16.-18. Jahrhunderts nach archivalischen Quellen aus Holstein, in: C. Degn/H. Lehmann/D. Unverhau (Hg.), Hexenprozesse. Deutsche und skandinavische Beiträge, Neumünster 1983, S. 231.

aus der Bevölkerung. Diese war soziale Kontrollinstanz und bestimmte als solche die Stellung einer Person in der städtischen Gemeinde. Es konnte damit den guten Ruf ruinieren und wurde vor Gericht als Indiz gewertet.[199] Somit herrscht eine Interdependenz zwischen Gerücht und Besagung, die die Basis einer Interaktion zwischen Obrigkeit und Bevölkerung bildet. Die Hexen von Rottweil waren also keine Opfer eines willkürlichen Verfolgungswillens der Obrigkeit. Ihre Mitbürger sahen vielmehr soziale Schädlinge in ihnen, bezeichneten sie als solche und opferten sie dem Interesse der Allgemeinheit.

Angesichts dieses komplizierten Zusammenwirkens von Obrigkeit und Untertanen (Personen und Institutionen) als Bedingung für das gerichtliche Verfahren, erscheinen Zweifel am 'Intaktsein' sowohl der Stadtgemeinde als auch der Landgemeinden des städtischen Territoriums durchaus nicht berechtigt. Diese Zweifel formuliert etwa Heide Wunder, die die bäuerliche Gemeinde als solidarischen Verband nach "außen" und als "Gemeinschaft" im Innern definiert. Denunziationen aus der Gemeinde heraus sind für sie Indikatoren einer Entsolidarisierung und damit einer Krise der Gemeinde.[200]

Auch unter Berücksichtigung eines zeitlich und lokal unterschiedlichen Grades der Instrumentalisierung von Hexenprozessen wird hier die ernstzunehmende Bedrohung, die die Hexen im Volksglauben für die Gemeinschaft darstellten, völlig unterschätzt. Demnach ist es nämlich gerade ein Zeichen einer 'intakten' Gemeinde, wenn dieselbe Personen mit abweichendem, die Gesellschaft schädigendem Verhalten aus ihrer Mitte ausschließt und bekämpft.

---

199) Vgl. U. Bender-Wittmann, There and back again. Zum Verhältnis von Ergebnis, Fragestellung und diskursivem Rahmen am Beispiel der Lemgoer Hexenjagden, in: Wilberts/Schwerhoff/Scheffer (Hg.), Hexenverfolgung, 1994, S. 71-81, hier S. 72.

200) H. Wunder, Die ländliche Gemeinde als Strukturprinzip der spätmittelalterlichen-frühneuzeitlichen Geschichte Europas, in: P. Blickle (Hg.), Landgemeinde und Stadtgemeinde in Mitteleuropa, München 1991, S. 385-402, hier S. 392 f.

II.10.3 Gefängnis und Folter

Die "Eintürmung" diente dem Vollzug der Untersuchungs- bzw. der Beugehaft. Kurzfristige Freiheitsstrafen wurden im "Kuentzloch" abgesessen, das sich im Rottweiler Spital befand. Die Auslastung desselben war, den Quellen nach zu urteilen, sehr gut.[201] Die städtischen Gefangenen wurden während der Haftzeit durch das Spital verköstigt und hatten dafür nach ihrer Entlassung einen finanziellen Ausgleich zu leisten. Dies ist lange Jahre ein zwar kleiner, aber ständiger Einnahmeposten.[202] Soweit die Reichsstadt für die "Malefizazung" zuständig war, wurde dies mit der Schatzung verrechnet. Der Spitalküche war auch die Verpflegung der Gefangenen auf dem Hochturm sowie im "Blockhäuslin zu Allenheiligen" unterstellt.[203]

Gefängnisse wie beispielsweise das "Kuentzloch" waren offenbar auch ein Drohmittel; Anna Brenneysin, aus der die "verordneten nichts bringen khönden, darneben aber vermerckhen das berürtte Anna ain großen grewel ab das Cuntzen loch" habe, wurde zum Erpressen eines Geständnisses "darin gelegt".[204]

Die der Hexerei angeklagten Personen wurden auf dem Hochturm, dem Roten Turm beim Neutor oder dem Schwarzen Tor eingekerkert und von der erwähnten Ratskommission nach einem festen Fragenkatalog verhört und gefoltert.[205] Starb jemand in der Haft, sei es durch Erschöpfung oder durch Selbstmord, wie etwa im Falle des "mädlins so sich selbst erhenckt"[206],

201) L. Ohngemach, Die Geschichte und Entwicklung des Rottweiler Spitals 1580-1640, (masch.-schr.) Zulassungsarbeit zum Staatsexamen, Tübingen 1985, S. 51.

202) RPR v. 12.03.1607, ein Mann aus "Tunningen". Frauen wurden zuweilen im "Claralöchlin" inhaftiert.

203) RPR v. 03.10.1581 und RPR v. 24.11.1622 erwähnt ein Blockhaus im Spital im Zusammenhang mit der Bestrafung einer Person. Für die Speisung der Gefangenen auf dem Hochturm ist täglich ein "orth" zu bezahlen, Stadtrechnungsbuch 1629, o. S.

204) RPR v. Zinstag nach Bartholomei 1590.

205) Vgl. hierzu auch W. Hecht, Der Hexenprozeß gegen das Pumpel-Annele im Jahre 1701, RwHbl. 36 (1975) Nr. 2, S. 3.

206) Vgl. den Eintrag im Stadtrechnungsbuch von 1626, S. 77.

so wurde die Leiche nachts unter dem Galgen verbrannt und begraben.[207] Der Galgenplatz befand sich an der alten Zimmerer Straße.

Das Verhör selbst wurde zunächst "gütlich" geführt.[208] Dabei werden zuweilen Geistliche herangezogen, die den Verdächtigen durch starkes Zureden zu einem Geständnis bewegen sollten.[209] Führte dies nicht zu einem Ergebnis, ging man zur "territio realis" über, das heißt man zeigte und erklärte den Delinquenten die Folterinstrumente.[210] Dann erst begann man das peinliche Verhör.[211] Gemäß Artikel 58 der CCC wurden Art und Ausmaß der Tortur dem untersuchenden Richter anheimgestellt. Hinter der Anwendung der Folter stand zunächst der Gedanke, man könne durch sie zwar die Aussage erreichen, dabei aber niemanden zum Lügen bringen, was ja auch eine Todsünde wäre.[212] Die Folter sollte "an die Grenze der leiblichen Existenz des Verdächtigen gehen, die böse Kraft des Leibes brechen und so die Seele freisetzen".[213]

207) Vgl. Stadtrechnungsbuch v. 1648, S. 74: "Item dem Scharfrichter wegen der übelthätigen Person von Villingen, so sich selbst zum Hohenturm hinabgestürzt, der zweymal über sey gangen, und bey nächtlicherweil unders hochgericht vergraben, laut zedels zahlt 7ß 6bz." Des weiteren RPR v. 15.05.1592: "Anna Bockhin von Waldmössingen, so zu der Gefenkhnuß gestorben, und schon albereit von Iro die abnegatio verstanden und andere Urgicht vorhanden, dadurch sie maleficia, solle dieselbig der Nachrichter nemen und zu dem Hochgericht fueren, Ire gepain und Flaisch zu Eschen verbrennen, nach des Hay. Reichs Recht."

208) Zum Verhör im allgemeinen wie hier vgl. S. Lorenz, Der Hexenprozeß, in: Lorenz (Hg.), Hexen, 1994, Aufsatzband S. 67-92.

209) Vgl. RPR v. 03.09.1643.

210) So auch die Reihenfolge, die gegeben ist bei J. Sprenger/H. Institoris, Der Hexenhammer, hg. von J.W.R. Schmidt, Berlin 1906, II S. 246.

211) Voraussetzung zur peinlichen Befragung war nach Artikel 23 CCC, daß beim Leugnen die verdächtigen Umstände durch zwei Zeugen glaubhaft versichert wurden. Im allgemeinen vgl. hierzu W. Schünke, Die Folter im deutschen Strafverfahren des 13. bis 16. Jahrhunderts, Diss./München 1952.

212) J. Fried, Freiwilligkeit und Geständnis um 1300, in: Historisches Jahrbuch 105 (1985) S. 388-425.

213) W. Schild, Hexenglaube, Hexenbegriff und Hexenphantasie, in: Lorenz (Hg.), Hexen, 1994, Aufsatzband S. 11-47, hier S. 25.

Die Tortur wurde in Rottweil mit dem "Tommeleisen"[214], das heißt der Daumenschraube und mit dem Instrument der "Waage", dem sogenannten Aufziehen durchgeführt.[215] Dem Verdächtigen wurden die Hände auf dem Rücken zusammengebunden, worauf er an einem Seil mit einem Flaschenzug aufgezogen wurde. Führte auch dies nicht zu dem gewünschten Geständnis, wurde der zu untersuchenden Person ein kleiner und im nächsten Schritt ein großer Stein angehängt. Dementsprechend hatte die Tortur drei Grade.

Eine derartige Prozedur ist in einem Protokollauszug geschildert, der der Urgicht eines der letzten tödlich verlaufenen Hexenprozesse in Rottweil angeheftet ist. Katharina Weissin von Epfendorf hat 1648

> "auf gütliches zureden immer geantwortet wisse nichts, ungeachtet sie an der Tortur gesagt wenn man sie herunterlasse, wolle sie alles sagen was sie wisse, derwegen sie wieder mit dem kleinen Steinen ufgezogen - versprochen, wolle alles sagen, darauf sie herunter und ihr die Hand ledig gelassen, und da man ihr die beide Stein vor Augen gelegt und gedroht sie damit ufziehen zu lassen, hat sie endlich bekennt, daß sie vom bösen Geist geschlagen worden, weil sie nit thun wollen was er gewollt, weil sie denn abermals halssterrig gewesen als zuvor, sind ihr die beede Steine angehenkt, und sie darmit ufgezogen worden, wo sie denn alles zu sagen versprochen und sie heruntergelassen worden[...]".[216]

Was die Dauer der Tortur betrifft, so ist festzustellen, daß sie über längere Zeiträume, ja über Monate und Jahre hinaus angewandt wurde, sofern die Indizien und Besagungen die Malefikantin weiterhin ausreichend belasteten.[217]

---

214) Vgl. RPR v. 21.06.1594: "Gefangene Frau. Uff abgelesene Schreiben, Bürgermeister und Rat der Stadt Villingen neben angehörter Relation wegen Margaretha Gruoberin der eingezogenen Frauen. Ist eines Ers. Rats beschaidt, daß die Herren Verordneten weiter über sie gehn Thommeleisen torquieren mögen, und was sie mehreres befinden, irem Ers. Rat Relation thun sollen."

215) von Langen, Geschichte der Stadt Rottweil, 1821, S. 121.

216) StAR (wie Anm. 11) II/I/V/95.

217) Vgl. z. Bsp. den Eintrag im RPR vom Zinstag nach Lucae Evangelistae 1592: "Uff gethane relation H. Johann Mathei Spreters wegen Barbele Eysellins der gefangenen Frawen ist beschaidt, weil diese Person sehr argwöhnisch erscheine, daß die Herren

Ein solcher Fall soll im folgenden, soweit rekonstruierbar, wiedergegeben werden. Es handelt sich dabei um den Fall der Anna Brenneysin. Im Juli 1590 wird Salomea Herderin von Rottweil der Prozeß wegen Hexerei gemacht. Sie bekennt, daß Anna Brenneysin und Barbara Pfenderin "böse Weiber" seien. Das "Blayeßle", offenbar ein Bekannter oder Verwandter der Malefikantin, versucht mehrmals, dieselbe zur Rücknahme der Bezichtigungen zu veranlassen. Salomea Herderin beharrt allerdings darauf, daß "die anderen zwo berürtt Gefangene bös und argwöhnliche Weiber seyen". Dementsprechend reagiert der Rat mit dem

> "beschaid, dieweil die circumstantia zimblich kundtpar, so sollen die verordneten, nach mehrerer einnehmung und erfahrung kundtparen scheins, nach strenge gegen berürtte zwei Personen volnfahren. Auch sonsten das Blayeßle und sein Weib unverzogenlich noch heutigen tags ab dem Turm geschaffen werden soll".[218]

Salomea Herderin wird zum Feuertod verurteilt und hingerichtet.[219] Ihrer Tochter Susanna Beringer, die sich in Freiburg aufhält, wird erklärt, daß das Vermögen der Hingerichteten gemäß ihrem eigenen Willen dem Conrad Fischer anvertraut worden sei mit der Auflage, dasselbe zu veräußern und vom Erlös die Schuldner auszuzahlen.[220]

Fünf Tage nach der Besagung der beiden neu Inhaftierten durch die Herderin werden dieselben in einem Verhör "ettlicher Personen" erneut der Hexerei bezichtigt. Daraufhin werden auch Anna Brenneysin und Barbara Pfenderin zunächst gütlich verhört und dann gefoltert. Aber "obgleich wol die verordnete ahn irem vlais nichts underlassen" hätten, haben "daruff berürtte Personen nichts bekennen wollen." Es wird beschlossen, daß "die verordnete nach irer gelegenheit (in ansehung die schüb kundtpar und notori)

Verordneten weiter über sie gehen und neben Verhörung ihres Mannes, examinieren was sie befinden einem ers. Rath relation thun sollen."

218) RPR v. 19.07.1590.

219) StAR (wie Anm. 11) II/I/III/4/2.

220) RPR v. 04.10.1590.

noch weiter über die Gefangenen gehn und hierinnen das best tun sollen".[221] Einige Tage später liegen dem Rat erste Ergebnisse vor, wonach "bei dem Bärbele Pfender nit allein die abnegatio, sonder auch die vollbringung eingewilligter Thaten befunden" worden sei. Darüber hinaus habe diese in der Zwischenzeit die Anna Brenneysin bezichtigt, sie sey auch eine Hexe. Die Brenneysin aber blieb auch unter Tortur standhaft, sie "wisse nichts zu bekhennen", worauf der Rat beschließt, weiterhin die Folter bei ihr anzuwenden.[222]

Doch auch nach weiteren sieben Tagen beharrt sie auf ihrer Unschuld. "In ansehung das Barbele und Salomei auf sie bekhant und nit entschlahen wellen", entscheidet der Rat nun, die Anna nicht aus dem Gefängnis zu entlassen, sondern sie erneut zu foltern, diesmal aber wiederum die sie belastende Barbara Pfender erneut peinlich zu verhören.[223] Als nach weiteren Tagen immer noch kein Ergebnis vorliegt, wird der Ratsherr Wilhelm Armbruster, der bisher die Untersuchung geleitet hat, von Zunftmeister Leonhard Kun abgelöst. Die Anna ist immer noch nicht geständig, doch merken die Untersuchenden bald, daß sie große Angst vor dem "Kunzloch" hat. So wird veranlaßt, sie in dieses Gefängnis zu verlegen, wo die Knechte "dem Luder die cost selbsten außer dem Spital fürbringen und geben soll, und sie sonsten wol verwahren sollen."[224]

Als am 18. September immer noch kein Geständnis vorliegt, ergeht erneut der Beschluß des Rates, die Malefikantin peinlich zu befragen.[225] Schließlich findet sich der letzte Vermerk in den Ratsprotokollen bezüglich der Inhaftierten. Meister Leonhard Kun gibt im Rat bekannt,

---

221) RPR v. 24.07.1590.
222) RPR v. 07.08.1590.
223) RPR v. 14.08.1590.
224) RPR vom "Zinstag nach Batholomei 1590".
225) RPR v. 18.09.1590.

"daß namlich Er und seine zugebnen Zunftmeister, uber angewandten fleiß, nichts lauters noch grundtlichs von Iro bringen künde und ist ferner decretiert, das us erheblichen und beweglichen Ursachen nochmalen von Ir Anna nit ußzusetzen, sonder ferner mittel und weg (daruff albereit notwendiglich geschlossen worden) für und an die Hand zu nemen seye".[226]

Anhand dieser Eintragungen läßt sich feststellen, daß Anna Brenneysin über einen Zeitraum von mindestens zwei Monaten hinaus peinlich verhört wurde. Was aus ihr geworden ist, liegt im dunkeln. Über ihr weiteres Schicksal findet sich kein Eintrag. Auch ist keine Urgicht oder Urphede von ihr erhalten. Es muß offen bleiben, ob sie standhaft blieb oder endlich dem unmenschlichen Druck nachgab und bekannte, ob sie begnadigt oder hingerichtet wurde, oder ob sie schließlich vor Erschöpfung starb und vom Henker unter dem Galgen verscharrt wurde.

Es ist offensichtlich, daß bei einer solchen Prozedur nur äußerst selten der Widerstand des Opfers ungebrochen blieb. Dennoch sind auch solche Fälle zu finden, in denen die Opfer auch unter Folter nicht gestanden und deshalb, allerdings mit Auflagen, entlassen werden mußten. In solchen Fällen mußten sie Urphede schwören.[227] Dabei ist bemerkenswert, daß in solchen Fällen kein Freispruch nötig war. Es genügte, eine "absolutio ab instantia" auszusprechen.[228] Dabei wurde oft eine extraordinäre Strafe verhängt. Zweck dieser Verdachtsstrafe war die Vermeidung des Eindruckes, die Obrigkeit habe ohne ausreichenden Grund ein peinliches Verfahren in die Wege geleitet.[229] Ein Freispruch wegen erwiesener Unschuld mußte auch deshalb

---

226) RPR v. 04.12.1590.

227) Vgl. RPR v. 03.06.1586 (Anna Scherzingerin); RPR v. 27.10.1587 (Villen Näßlin); RPR v. 1588, o.D. (Conrad Fischers Frau); RPR v. 28.06.1594 (Margaretha Gruberin); RPR v. 22.10.1648 (Maria Bartin); RPR v. 03.09.1643 (Hausemer Weible); RPR v. 15.05.1676 (Kunigunde Bantlin).

228) H. Holzauer, Handwörterbuch zur deutschen Rechtsgeschichte II, Berlin 1978, s.v. absolutio ab instantia, Sp. 388. Des weiteren S. Lorenz, Der Hexenprozeß, in: Lorenz (Hg.), Hexen, Aufsatzband S. 67-92, hier S. 74.

229) F. Schaffstein, Verdachtsstrafe, außerordentliche Strafe und Sicherungsmittel im Inquisitionsprozeß des 17. und 18. Jahrhunderts, in: Zeitschrift für die gesamte Strafrechts-

vermieden werden, da er die Wiederaufnahme des Verfahrens verhinderte. Dementsprechend konnte der Prozeß bei erneut aufgekommenen Gerüchten wieder aufgenommen und die Folter erneut angewandt werden. Ein unter der Folter erlangtes und später widerrufenes Geständnis galt in dem wiederaufgenommenen Prozeß als Indiz, das nach Artikel 57 CCC die erneute peinliche Befragung ermöglichte.

Ziel der Untersuchung war nicht nur, das Geständnis der Malefikanten zu erlangen, sondern auch die Namen der Mittäter zu erfahren. Die Verordneten werden dementsprechend angewiesen, "weiter über sie zu gehn und ahn irem vleiß, neben erforschung Irer gespielen nichts ermangeln und was sie befunden einem Ersamen Rath widerumben fürbringen sollen".[230] Die einmalige Besagung genügte allerdings nicht zur Verhaftung der Besagten. So mußte Hans Beckh immer wieder erklären, "des Heinrich Weissen Weib sei seines erachtens ein Hexin von Geschlecht". Sie und ihre Gespielen "seien, so wahr Gott lebe, offenliche Hexen. Sie seien wahrhafftig wisseliche wohlerkannte Hexen".[231]

Die Verdachtsmomente mußten sich häufen, es gab Gegenüberstellungen und Androhungen ewiger Vedammnis bei falscher Besagung. So heißt es in der Urgicht der Margaretha Scheierlin aus der Altstadt:

> "Und dieweil sie drei Weibspersonen als sollten dieselben auch verleumbte und verleignete leith sein den Herrn Verordneten ernant und dargegeben und darbei ernstlich betraut da sie dieselben an gebürenden Orten nit anbringen würde, daß sie am Jüngsten Gericht Raach yber sie schreyen und dannach uff offenen Markt welle ausruffen. Sye die Verordneten darüber, daß sye Inen noch jemands anderem Unrecht tun welle mit betrawung ewiger Pein genugsamlich und mehrmalen erinnert und verwarnet, habe seye doch dieselbige aus lauterm gefaßtem Neid und

wissenschaft 101 (1989) S. 493. Hierzu auch das Werk von J. H. Langbein, Torture and the Law of Proof. Europe and England in the Ancien Regime, Chicago/London 1977.

230) RPR v. 11.07.1591.

231) StAR (wie Anm. 11) II/I/V/8/63.

Haß fälschlich dargeben. Und letztlich, daß sye solcher Bezichtigung frei und ledig seye gentzlich und allerdings wiederumb entschlagen."[232]

Erst wenn die Malefikantin auf ihrer Aussage beharrte, hatte diese auch Konsequenzen.[233]

Die in der Verzweiflung abgelegten Besagungen wurden später auch häufig widerrufen.[234] So widerruft Margaretha Röttlin 1583, "daß sie von angebner Elsbetha Häsin der goldtschmiedin nichts das alls das liebes und gutes wissen, auch dieselbig bezichtigter Hexerey halben frey ledig seye".[235]

Es sollte allerdings nicht davon ausgegangen werden, daß sich die "Deputierten zur Malefiz" mit dem bloßen Bekenntnis der Malefikanten zufrieden gaben. Den "Herren Fünf" ist ein 'gewissenhafter Fleiß' nicht abzusprechen, denn es wurde stets versucht den tatsächlich überprüfbaren Angaben nachzugehen. Darauf deuten die Korrekturen der Geständnisse auf den Urgichten hin, die von den Inquisitoren vorgenommen wurden. Es wurden Widersprüche aufgedeckt und falsche Aussagen richtiggestellt.

Jacob Moser von Rimisingen gab 1595 an, er sei beim Hexentanz auf dem Heuberg gewesen, gab aber bald darauf zu verstehen, daß er nicht wisse, wo der Heuberg liege.[236] Im gleichen Jahr bekennt Anna Kosin von Epfendorf, als sie vom Schlaf erwachte, habe sie der böse Geist "gebraucht gehabt". Des weiteren habe sie dem Jocken eine Kuh "verdorben". Hier setzte der Inquisitor den Randvermerk: "Ist nichts, hat nie keine Kuh gehabt." Sie erklärt auch, sie habe dem Ramsteiner eine schwarze Kuh mit einem "ruth-

---

232) StAR (wie Anm. 11) II/I/III/4/14.

233) RPR v. 08.08.1591: "Anna Bürckhlins von Neufra Urgicht abgehört worden, und dieweil sie noch ein ander Person angibt und auf solches angeben zu sterben sich erkleret, ist decretiert, das selbige Person gefanglich eingezogen und der Gebühr nach gütlich befragt und auch sonsten nach befundener Gelegenheit mit Inen verhandlet werden soll."

234) Vgl. das Geständnis der Catharina Gruoberin, 1589, StAR (wie Anm. 11) II/I/V/8/40.

235) RPR v. 25.9.1583.

lein geschlagen und verdorben". Hier wurde hinzu gesetzt: "Ist eine falbe Kuh gewesen, nit abgangen." Weiterhin bekennt die Malefikantin, sie habe Heine Hänsle angeblasen, der daran gestorben wäre. Der dazugehörige Randvermerk lautet: "Ist nichts, sondern einer Kuh im Stall ein Schenkel abgefallen."[237]

1626 sagt Anna Reiserin von Rottweil aus, der Teufel "sey ihr in Gestalt ihres Liebhabers[238] Mathias Faulhaber beim Tanze im Jungbrunnen erschienen und habe gesagt, er wollte gern mit ihr heimgehen, förchte nur, die Mutter werfe ihn die Stiege hinab - habe im Wald sodenn mit ihr zu tun gehabt". Zu dieser Aussage wurde bemerkt: "Wird wohl ihr Liebhaber selbst gewesen seyn."[239]

Katharina Weissin gesteht am 07.09.1648, es "habe ihr einmal geträumt, sey beim Hexentanz bei Harthausen, habe niemand kennt, sey ein Weib mit hübschen Kleidern dabey gewesen, sey im Schlaf daran erwacht".[240] Obwohl diese hier eindeutig zu verstehen gab, daß sie obiges nur träumte, wurde ihre Aussage als Tatsache aufgenommen, was sie endlich auf den Scheiterhaufen brachte.

Die Überprüfung der Geständnisse auf ihre Glaubwürdigkeit hin ist gemäß Artikel 53, 60 CCC auf Tatumstände hin zu prüfen, "die keyn unschuldiger wissen oder sagen kann".[241] Zudem sollte das Geständnis gemäß Artikel 56 CCC ohne Druck der Folter wiederholt werden, um rechtswirksam zu sein. Bei Widerruf wird aber erneut gefoltert.

---

236) Urgicht Jacob Moser (1595), StAR bei den anderen Urgichten, o. Sign.

237) StAR (wie Anm. 11) II/I/II/4/12.

238) Zum Motiv des Geistes in Gestalt des Ehepartners oder Liebhabers vgl. Thompson, Motif-index of folk-literature, Kopenhagen 1955-58[2], D 685.2. Freundlicher Hinweis von J. Dillinger. Vgl. auch dessen Zulassungsarbeit über die Verhältnisse in der Grafschaft Hohenberg, Tübingen 1995.

239) Urgicht Anna Reiserin (1626), StAR bei den anderen Urgichten, o. Sign.

240) StAR (wie Anm. 11) II/I/V/8/95.

241) Peinliche Halsgerichtsordnung, hg. v. Radbruch, 1975, S. 56.

„Peinliche Befragung" durch das „Aufziehen". Aus: Constitutio Criminalis Bambergensis, Bamberg 1580[11].

II.10.4 Die Urteilsverkündung

War das Geständnis dann abgelegt, wurde es dem Magistrat vorgelegt und "in consilio verlesen", worauf derselbe nach Artikel 192 "Zum fewer" Kaiser Karls V. Peinlicher Halsgerichtsordnung, der Constitutio Criminalis Carolina, sein Urteil sprach. Ursprünglich dürfte der Rat aber wie die anderen

Rottweiler Gerichte - das Pürschgericht und das auf dem Kaufhaus - nach den Landfriedensgesetzen gerichtet haben.[242]

Auf den Urgichten ist regelmäßig folgender Vermerk zu finden:

> "uf solch gethane bekandtnus und begangene mißhandlungen, hat Iro ein Ersamer Rath ein unrecht erkandt, derowegen zu Iro mit dem Feuer vom leben zum Todt gericht, der Leib zu Pulver und eschen verbrennt, und die Exekution bis künftig Samstag vorgenommen werden soll."[243]

II.10.5 Der Scharfrichter und die Vollstreckung des Urteils

Die Urteile wurden, solange der Schultheiß noch als königlicher Beamter den Blutbann besaß, von diesem vollstreckt. Mit dem Übergang des Blutbanns an die Stadt stand dem Rat als Gemeindevertretung das Recht der Strafvollstreckung zu.

Vollzogen wurde die Strafe ursprünglich durch den Fronboten oder Büttel, später durch den Nachrichter aus der Altstadt. Die Aufgaben und Besoldung des Rottweiler Scharfrichters sind nach dem 1315 verfaßten "Rottweil Gesetzbuch" festgelegt.[244] Es heißt dort:

> "dem Scharfrichter soll man geben von jeder Person zu richten mit Feuer, mit Schwerd, Rad oder ertrenken 2 Pfund Haller; vom erblenden es wären frau oder mann 1 Pfund Haller; vom Zungenaushauen 10 Schilling, vom Ohrenabschneiden 10 Schilling".

Während der Zeit der Hexenverfolgungen war das Scharfrichteramt besonders einträglich. Der Nachrichter erhielt ein jährliches Grundgehalt von

---

242) Leist, Reichsstadt, 1962, S. 173.

243) Vgl. z. Bsp. StAR (wie Anm. 11) II/I/V/8/57.

244) Zum Scharfrichter im allgemeinen vgl. W. Schild, Scharfrichter, in: C. Hinckeldey (Hg.), Justiz in alter Zeit, Rothenburg ob der Tauber 1984, S. 279-288.

52ß.[245] Weiterhin für jede Hinrichtung mit Schwert und Feuer 4ß 12b. Versah er den Dienst eines Totengräbers an in der Haft verstorbenen Delinquenten, so wurde er hierfür ebenso wie für das peinliche Verhör bezahlt.[246]

Selbstverständlich wurden auch diejenigen Scharfrichter bezahlt, die aus anderen Territorien zur Untersuchung der Unholdinnen angefordert wurden.[247] Neben den Scharfrichtern verdienten auch die Totengräber, Knechte, Stadtknechte (für die Urgichten), die Turmhüter, das Spital[248] und schließlich die Verordneten, die regelmäßig den "Trunk" bei der Untersuchung der Malefikanten in Rechnung stellen ließen.[249]

Hinsichtlich der Hinrichtung ist festzuhalten, daß nicht nur die verurteilten Delinquenten auf das Hochgericht geführt wurden. Im Zusammenhang mit dem Prozeß gegen Wilhelm Zorn von Schwäbisch Gmünd, der wegen Hexerei und Sodomie verurteilt wurde, ereilte die mißbrauchte Kuh, mit

245) Stadtrechnungsbuch von 1616, S. 63.

246) Der Scharfrichter Rottweils hatte seine Dienstwohnung in der Altstadt. Die Unterhaltung dieser Wohnung oblag der Reichsstadt. Nach einer Besoldungsliste vom 6. April 1772 erhielt er jährlich 30 Gulden aus der Stadtkasse, 20 Gulden aus der Landschaftskasse, aus der Stadtvorratskammer 12 Meß Holz und 2 Gulden 30 Kreuzer. Pro Tortur erhielt er 1 Gulden, für die bloße Territion die Hälfte bzw. 30 Kreuzer, für das Reißen mit glühenden Zangen 7 Florin 30 Kreuzer und für das Verbrennen einer Malefizperson 25 Gulden. Die Reste eines Henkersmahles, das regelmäßig vom Spital gestellt wurde, gebührten dem Henkersknecht. Vgl. A. Marquart, Der ehemalige Scharfrichter zu Rottweil, in: RwHbl. 8 (1928) Nr. 6 S. 4.

247) Vgl. hierzu das Stadtrechnungsbuch von 1628, o.S. :"den 08.08.1626 dem Nachrichter von Triberg, den man wegen des weibs von Beringen erfordert uncosten besoldung erlegt 19ß 13b 2k." Scharfrichter stellten sich zudem oft als Experten der "Hexenfindung" dar. In dieser Eigenschaft reisten sie oft durch die Lande, wurden auch von Städten und Territorien angefordert, sofern sie sich auf diesem Gebiet bereits einen Ruf erworben hatten. Vgl. hierzu M. Schmid, Der Scharfrichter von Biberach, in: Lorenz (Hg.), Hexen, Bonn 1994, Aufsatzband S. 411-415.

248) Im Spital befand sich das "Kuntzloch". Vgl. das Stadtrechnungsbuch von 1649, S. 75: "Item dem Gotshaus Spital für die anno 1648 hingerichtete Weibsperson von Epfendorff mit Namen Catharina Weissin Atzungsgeld für 36 Tag jed. 5 Pfund Heller 9b 15hl."

249) Vgl. hierzu das Stadtrechnungsbuch von 1628, o.S.: "Zunftmeister Christo Sichlern umb wein wegen der Hailerin und Buckhissin bezahlt, auch die Priester verzehrt 7ß 10b."

der er "auf geheiß des bösen Geistes sein unchristlich Werk vollbringen" mußte, ein ähnliches Schicksal. So heißt es im Urteil: "Nota: Die Kuo sol an vier Stückh zerteilt, sambt dem armen Mann verbrennt werden."[250]

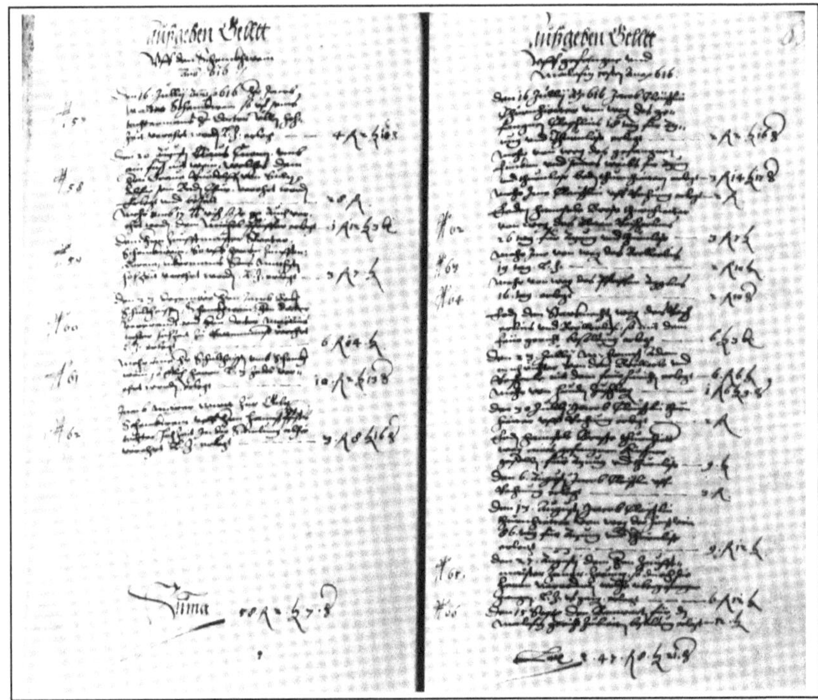

Verzeichnis der Rechnungsstellungen des Scharfrichters. Stadtrechnungsbuch Rottweil 1616, 1. Band.

„- den 12. März dem Ellias uff dem Schwartzen Turm wegen ainer gefangenen Frawen erlegt 9 bz.

- den 10. Juni M. Hans Adam Nachrichter von ainem Weib so sich selbst erhenckt zu vergraben besoldung erlegt 3 fl 3 bz.

- Herrn Zunftmeister Hans Daller Zerung, so die Herren Verordneten, welche über gefangne gangen 1. Z. erlegt 1,5 fl.

- mehr als die Herren Fünff wegen des Kantengiessers Golltbach und seiner Hausfrawen über die Rosenbergerin Inquisition gehalten verzert 1 fl 5 bz."

---

250) StAR (wie Anm. 11) II/I/V/8/5.

II.10.6 Die Begnadigung

Der Rat hatte das Recht, Gnade zu gewähren. Diese Begnadigungen erfolgten auf Fürbitte "Edler und Unedler"[251], vielfach auch auf Verwendung der Priester.[252] Verurteilte aus dem Gebiet der Freien Pürsch wurden häufig auf die Fürsprache der jeweiligen Gebietsherren begnadigt.

Begnadigungen gab es äußerst selten und wenn, dann in Form eines Landesverweises[253] oder durch Freiheitsstrafen und auch nur bei schwieriger familiärer Situation. Hatte der zum Tode verurteilte Missetäter unversorgte Kinder, so wurde er zuweilen dazu begnadigt, in schweren Ketten in der eigenen Wohnung weiterleben und auch weiterarbeiten zu dürfen. Diese Strafe ist für den süddeutschen Raum typisch und leitet sich nach His aus der Strafe der "Ewigen Einmauerung" ab.[254]

So richten 1592 die Verwandten und Schwäger der Anna Weyland, Witwe des Christian Schuler, eine Supplication an die "Herren Fünf", man möge dieselbe doch um ihrer kleinen Kinder willen aus der bereits anderthalb Jahre währenden Untersuchungshaft entlassen, da ihre Kinder seither "mit unwiederbringlichem Schaden, öd und wüst lügen, und ganz zerstreuet herumgehen".[255] Man bittet daher darum, dieselbe zur Haushaltung auf Urphede zu entlassen, besonders da man erfahren habe, daß für sie "ain einge-

---

[251]) So z.B. StAR (wie Anm. 11) II/IV/2/18.

[252]) So im Prozeß gegen Georg Sautter. StAR (wie Anm. 11) II/I/V/3.

[253]) Dabei unterschied man zwischen "relegatio perpetua" und "relegatio temporalis". Die zeitliche Landesverweisung wurde bei mangelnden Beweisen als mildeste Form der Friedlosigkeit angewandt. Vgl. hierzu A.R. Baumgarten, Hexenwahn und Hexenverfolgung im Naheraum. Ein Beitrag zur Sozial- und Kulturgeschichte, Frankfurt a.M. 1987, S. 20 Anm. 65.

[254]) R. His, Geschichte des deutschen Strafrechtes bis zur Karolina, München 1967[2], S. 92. Als Begnadigung taucht die Eingrenzung begnadigter Hexen in ihr Haus auch im benachbarten Vorderösterreich auf. Vgl. Schleichert, Vorderösterreich, in: Lorenz (Hg.), Hexen, 1994, Aufsatzband S. 219-228, hier S. 223.

[255]) StAR (wie Anm. 11) II/I/III/4/27.

zwungen finster eng blockheuslein erbawen worden". Dieser Bittschrift wird allerdings nur mit Hafterleichterung entsprochen.

Im Fall der Anna Scherzingerin von Flötzingen entscheidet der Rat,

> "dieweyl sey Anna nichts weytters oder malefizisch bekennen will, und ir doch die schüb, indicia und anzaigungen sehr argwonisch, das sey Anna auf Erstattung gebührenden Urpheds dem gefängnuß erlassen, und sonsten in Ir Hauß darauß nimmer zu gehen oder in das Veldt zu wanderen bei vermeidung leibsstraff und schwören solle".[256]

Noch einmal entscheidet der Rat aus eben diesen Gründen ähnlich. Nachdem die Tortur nichts ergab, sollte die "aingezogne Person", da sie "zum höchsten verleumbt", "in khainen weg auf freyen fuoß zu stellen" sein. Weiterhin ist

> "von einem Ers. Rath decretiert, das erstberierte Person das gevängnuß erlassen, in Ir hauß in der Alten Statt ahn ein khettin versorget und gelegt, auch von irem man [...] mit narung und anderm underhalten werden soll, mit dem anhang, woher er solches nit tun würde, das also denn meine herren ein obkheitlich einsehen haben und sey, die Frau mit leib und gut in Spital nemen und Ime hinschücken werden. Das alles sollen Ime gemeiner statt Fünfer (denen die ganze Sach hiemit bevohlen) ernstlich fürhalten, und neben undersagung seine Mängel einbilden".[257]

II.11 Das Geständnis und die Vorstellungen des Volksglaubens

Untersucht man die Vorstellungen des Volksglaubens anhand der Urgichten, stößt man auf die Schwierigkeit der Trennung zwischen den in der Bevölkerung kursierenden Hexereivorstellungen und den Imaginationen

---

256) RPR vom 03.05.1586. Des weiteren der Fall von Conrad Fischers Hausfrau von Herrenzimmern, die nach überstandener Tortur und geschworener Urphede angewiesen wurde, daß sie "in Ihr Haus zu schirmen und daraus nit zu khummen, noch der Gemeindt überlestig sein" solle. RPR v. 1588, o.D.

Angeklagter vor Gericht[258]; zumal die Untersuchungen ja nach einem bestimmten Fragekatalog vorgenommen wurden, ist weiter danach zu fragen, ob die Aussagen die Vorstellungen der Inquirierten oder eher die der Fragekommission widerspiegeln. Dabei ist auch die Frage, inwieweit ein elaborierter Hexenbegriff sich bis in die Untersuchungsgremien durchsetzte und somit den Fragekatalog beeinflußte, bzw. inwieweit sich der Fragekatalog an den volkstümlichen Vorstellungen orientierte. Es erscheint dennoch legitim, zumindest von einer Interdependenz der beiden Ebenen ausgehen zu dürfen.[259]

Die Rottweiler Urgichten enthalten alle klassischen Bestandteile des Hexereideliktes[260], beginnend mit dem "foedus" bzw. "pactum cum diabolo" mit der "abnegatio", der Teufelsbuhlschaft, über den Hexensabbat mit vorangegangenem Flug bis hin zum Schadenzauber.[261]

II.11.1 Der Teufel, das "pactum cum diabolo" und die "abnegatio"

Die Geständnisse sind vergleichsweise stereotyp. Das erste Zusammentreffen mit dem "bösen Geist" liegt demnach stets mehrere Jahre zurück. Die Personen befinden sich immer in einer Krisensituation, die sie anfällig

---

257) RPR v. 27.10.1587.

258) Auf dieses Problem verweist schon E. Labouvie, Hexenforschung als Regionalgeschichte. Probleme, Grenzen und neue Perspektiven, in: Wilberts/Schwerhoff/Scheffler (Hg.), Hexenverfolgung, 1994, S. 45-60, hier S. 54.

259) Im übrigen muß darauf hingewiesen werden, daß die Dämonologen ihre Theorien gemäß volkstümlichen Vorstellungen unter Verwendung von Sagenmotiven gebildet haben. Vgl. hierzu H. Trevor-Roper, The European witch-craze of the 16th and 17th centuries, London 1988[4], S. 40-41. Weiterhin R. Kieckheffer, Magie im Mittelalter, München 1992, S. 202-204, hier S. 207-215.

260) Vgl. L. Weiser-Aal, HDA III, Berlin/New York 1987[2], s.v. Hexe, Sp. 1827-1920. Zur Ausbildung von Hexenbildern vgl. R. van Dülmen, Die Dienerin des Bösen. Zum Hexenbild in der Frühen Neuzeit, in: Zeitschrift für Historische Forschung 18 (1991) S. 385-398.

261) Vgl. zur Definitionsdiskussion G. Schormann, Hexenprozesse in Deutschland, Göttingen 1981, S. 22 ff.

für die Verführungen des Satans werden lassen. Sie sind verwitwet, verarmt oder werden von ihrem Mann "übel gehalten" und geschlagen.

In dieser Stimmung begegnen sie dann dem Teufel in Gestalt eines Mannes, selten in Gestalt einer Frau, auch in Gestalt eines "Geißbocks, der sich Gräßle Elzebock genannt";[262] aber auch Fluchen und unlauterer Lebenswandel kann den Teufel heraufbeschwören.[263]

Dieser ist in der Regel schwarz, grün, blau oder gelb gekleidet, hat einen Federbusch am Hut und tritt zuweilen mit Bocks-, Ochsen- oder Kuhfüßen auf oder ist sonst von sonderbarer Gestalt.[264] Catharina Bertschnitter erklärt, er hätte "Ochsenfüße mit langen Klauen gehapt" und sei "ain lange Person anzusehen"; er hätte einen schwarzen Bart und einen hohen Hut getragen.[265] Seine Stimme ist auffallend. Margaretha Rall erklärt, "er sei um sie

262) Urgicht Michel Ganther von Beringen, StAR (wie Anm. 11) II/I/V/8/67. Auch Catharina Dietrichin von Hochmessingen gesteht, es sei "der böse Feindt in Gestalt eines Bockhs oder Gaissen zu Iro in die Gefangnus kommen und gesagt, sie solle nur gewaltig leugnen und nichts bekennen, dann er iro wohl wieder heraus und davon helffen wolle." StAR (wie Anm. 11) II/I/V/8/60.

263) Fluchen wurde dementsprechend sanktioniert. Vgl. RPR v. 08.08.1591: "Eod. decretiert, Das Barbara Gerings von Epfendorf Ehemann für Rath gestelt und seines gottlosen wesens, fluchens (in tausend böser Geister Namen) auf seiner Hausfrauen letzten clag und bittens der Künder halber erinnert, auch derumb gestraft werden solle."
Des weiteren Urgicht Margaretha Hänin StAR (wie Anm. 11) II/I/V/8/6: "Wölle ihr denn Gott nit, solle ihr der Teufel zuhilff kommen." Darauf sei er erschienen.
Maria Hertin von Rottweil bekannte, das Fluchen ihrer Herrschaft "in des Teufels Namen" habe den bösen Geist angelockt. StAR (wie Anm. 11) II/I/V/8/32.
Der Teufel erscheint Agatha Jauchin von Cappel, als eine Katze das Weihwasserkesselchen umschüttet. StAR o. Sign. 1580.

264) Urgicht Anna Müller von Cappel, StAR (wie Anm. 11) II/I/V/8/18: "Damals hab er breit fueß gehabt, ain lang maul und einen Geißbart, auch einen kalten Atem."
Urgicht Caspar Senglin von Rottweil, StAR (wie Anm. 11) II/I/III/4/15: "Der Teufel war ein langer schwarzer Mann, der einen härigen Khuofuß gehapt und nannte sich Lucifer."
Urgicht Maria Allgewein von Rottweil, StAR (wie Anm. 11) II/I/V/8/88: Der böse Geist erscheint mit "Gännsfüßen" und nennt sich "Sättelin".

265) StAR (wie Anm. 11) II/I/V/8/12.

herumgefahren wie ein brellender Lew"[266], Margaretha Brellerin gesteht, er "habe ain Sprach gehapt, als wann er aus einem holen Hafen geredt".[267]

1580 gestand Michael Keitz von Ratshausen:

> "vor ungefahr 2 Jahren habe er in Ratshausen gedient, und da habe eines Tags sein Meister ihn ins Teufels Namen aufstehen und ins Feld fahren heißen. Mit kummervollem Herzen sey er aufgestanden, und wie er mit den Rossen ausgefahren sey, habe er geglaubt, ein anderer Roßbub fahre ihm nach, wie er sich aber umgesehen hätte, sey es der böse Geist gewesen, der Klauen wie eine Kuh gehabt, sonst aber wie ein Kriegsmann ausgesehen habe, nämlich mit einem rothen Rock und einem grünen Hut mit weißen Federn bekleidet gewesen sey. Derselbe habe ihn gefragt, warum er so traurig sey? Er solle nur getrost sein, er wolle ihm, da er sehe, daß er so schlechte Kleider habe, schönere und dazu Geld geben, wenn er gantz ihm folgen und sich Gottes, seiner lieben Mutter und aller Gottes heiligen verleugnen wolle. Das habe er gethan, und darauf 5 fl. erhalten, das aber nur in Schiefern bestanden habe."

Er gesteht im folgenden, vom Teufel zu Sodomie und Schadenzauber angestiftet worden zu sein.

> "An einem Montage sey er bei seiner Schwägerin gestanden und da sey der böse Geist zu ihm gekommen, und habe gerufen, Ihr beide müßt mein sein, und ihm einen Stecken, jener aber einen Besen gegeben, und sie mit den Worten 'Fahret uß ins Teufels Nam, stoßet niemen an!' fortfahren heißen. Alsbald seyen sie an einen vor Dietingen gelegenen Ort, in der Hasla genannt, gefahren, und allda mit Ausnahme von Brot und Salz vieles gegessen und getrunken. Der böse Geist aber habe damals und nachher noch oft vor seinen Augen mit seiner Schwägerin sich vergangen."[268]

Ein weiteres Beispiel bietet die Urgicht des Hans Engel von Rottweil, der 1580 angab, ihm sei mehrmals "der böse Geist" begegnet, "in schwarzer Kleidung mit Federn auf dem Hut und sonst wohl aufgeputzt wie ein

---

266) StAR (wie Anm. 11) II/I/V/9/39.
267) StAR (wie Anm. 11) II/I/V/8/36.
268) StAR (wie Anm. 11) II/I/V/8/17.

Hauptmann. Er habe sich Gräßlin genannt und fragte ihn, ob er seyn sein wolle, erhielt aber eine abschlägige Antwort".[269] Der Teufel bot ihm daraufhin an, er wolle ihn alle seine Künste lehren, wenn er sich Gottes und aller Heiligen verleugne, was Engel allerdings ablehnte, indem er dem Versucher erklärte, er traue ihm nicht, da dieser schon viele Leute betrogen habe. Er wolle sich aber dem Teufel auf vier Jahre versprechen, sofern jener innerhalb dieser Frist tue, was Hans Engel von ihm verlange. Sterbe er innerhalb dieser Frist, so wolle er des Teufels eigen, wenn nicht, seiner los und ledig sein. Dieser Kontrakt wäre beschlossen worden und der Teufel habe ihm daraufhin 20 Florin gutes Geld gegeben und ihm öfters beim Spielen gewinnen helfen. Schließlich habe Gräßlin ihn wieder aufgefordert, er solle nun, da er sehe, daß er nicht betrogen würde, Gott und alle Heiligen verleugnen. Dieser Aufforderung wäre er diesmal nachgekommen, er habe dafür auch Geld erhalten, das sich aber in "Hafenscherben" verwandelt hätte. Der Inquisit gesteht nun, er habe von dieser Zeit an einen schlechten Lebenswandel geführt, viele Diebstähle begangen, auch einmal einen Raubmord unterhalb Mainz an einem jungen Menschen verübt, darüber hinaus im Namen des Teufels Menschen angeblasen, Vieh geschlagen, Wetter erregt etc. Hans Engel wurde am 24.04.1580 zu Rad und Feuer verurteilt und hingerichtet.

Der Teufel hat Namen wie Haus- und Vegetationsgeister und nennt sich meist Gräßle, Hämmerle, Hölderlin, schwarzer Caspar, Kreutle, Kurzwädlin, aber auch Satanas, Belzebub, Belzebokh[270] oder Elzenbock[271] und verspricht der Person zu helfen, so sie sich Gottes, Maria und aller Heiligen verleugnet.[272] Catharina Bertschnitter, die von ihrer Herrschaft "übel ge-

---

269) StAR (wie Anm. 11) II/I/V/9/15.

270) Die drei letzten aus der christlichen Überlieferung stammenden Namen waren den Zeitgenossen geläufig und kamen in den Hexenprozessen häufiger vor. W. K. Tantsch, Deutsche Teufels- und Hexennamen aus Urgichten des XV. bis XVIII. Jahrhunderts, Heidelberg 1956, S. 14.

271) Vgl. auch Ruckgaber, Hexenprozesse, in: Württembergische Jahrbücher (1838) S. 179.

272) Hier liegt das alte Sagenmotiv des unerwartet erscheinenden und der notleidenden Person Hilfe bringenden Fremden zugrunde, der sich später als freundlicher Geist erweist. Vgl. S. Thompson, Motif-index, 1955-58[2], F 342, F 342.1, F 348.5.

halten" wird, verspricht er, sie gut zu kleiden, "daß sie wie ains Edelmanns Tochter dahergehe." Er will ihr ein Haus schenken, "damit sie ihm sey und er ihr sey."[273]

Bis zu dem gewünschten Ergebnis, das heißt der Apostasie der Delinquentin, muß er oft mehrere Anläufe nehmen. Ist dies geschehen, gibt er ihr Geld, das sich aber später stets zu "Hafenscherben", in Kot, Roßmist, Schiefer oder Blei verwandelt.[274] Zuweilen klingen die Münzen auch nicht.[275] Dementsprechend wird ihm auch immer Betrug vorgeworfen.[276] Manchmal hinterläßt der Teufel bei den neugewonnenen Anhängern sein Teufelsmal. Hans Eisenmann erklärt, daß ihm der Teufel nach der Verleugnung Gottes, Mariae und aller Heiligen "ein Zeichen mit einem Griff unter der linken Brust und dem Velten Vorman auf dem Kopf wie ein Wunden gegeben habe".[277]

Stets hat er Geschlechtsverkehr[278] mit den betreffenden Personen, der als "weder kalt noch warm" geschildert wird.[279] Salomea Herderin gibt an, "es

---

273) StAR (wie Anm. 11) II/I/V/8/12.

274) Auch die Verwandlung des Geldes in Tonscherben beruht auf einem Sagenmotiv, das jedoch meist in umgekehrter Art auftritt, das heißt, das per se wertlose Geschenk des Naturgeistes verwandelt sich in wertvolles Material. Vgl. Thompson, Motif-index, 1955-58², negative Verwandlung: D 457.2.3.; G 303.21.I; positive Verwandlung: F 451.5.1.4; F 342.1.

275) StAR (wie Anm. 11) II/I/V/8/12.

276) Als der Teufel Michel Freiß beim Kräutersammeln hätte behilflich sein wollen, habe dieser geantwortet: "Wirst mich bescheissen, wie du mir mit dem Geld auch than hast, Kreutle gesagt, will dich nit beschaissen." StAR (wie Anm. 11) II/I/V/8/33. Ebenso habe sich Margaretha Rall entäuscht von ihm gewandt mit den Worten: "Du Schelm und Dieb, du hast mich zum 2. Mal beschissen und betrogen, auch gesagt, sie wolle sich zu Gott bekehren, denn es sei nichts als Lüge und Trügerei an ihm. Auch gesagt, du Lump, gang du dein Straß und laß mich die mein auch gehn, ich will mich wiederum zu Gott kehren." StAR (wie Anm. 11) II/I/V/9/39.

277) StAR (wie Anm. 11) II/I/V/16/17.

278) Bereits dies läßt die Hexe von Anfang an schuldig werden. Vgl. O. Wächter, Vehmgerichte und Hexenprozesse in Deutschland, Stuttgart 1882, S. 153 sowie J. Hansen, Zauberwahn, Inquisition und Hexenprozeß im Mittelalter und die Entstehung der großen Hexenverfolgung, München/Leipzig 1900, S. 525.

279) StAR (wie Anm. 11) II/I/V/9/39.

sei kurtz zugangen".[280] Dorothea Wagnerin gesteht, "der böse Geist habe seines willens mit ihr gepflogen, welches aber nichts unmenschlich und kalter Natur gewesen".[281] Catharina Weissin bekennt, "als sie der böse Feind beschlaffen, seye es gantz kalt gewesen."[282] Als sich Maria Reißerin weigerte, die "Unzucht mit ihm zu treiben", habe sie "sich uff die Seiten von ihm gewandt, darüber sie ein solche Kelte angestoßen, daß sie vermeint, sie müsse erfrüren".[283] Nachdem sich Anna Menin durch das Anrufen Gottes von den Nachstellungen des Teufels vorübergehend befreite, sei ihr "ein kalter Wind in die Seite gefahren".[284] Auch Hans Hirt gibt an, der böse Geist habe die "Unzucht mit ihm verüben wollen", er habe aber eingewandt, er hätte lieber "ein schönes Mädlin". Darauf sei der Teufel verschwunden, sei aber kurz danach in Gestalt eines Mädchens zurückgekehrt und habe die Unzucht mit ihm verübt[285], es sei aber "von kalter Natur" gewesen.[286]

Generell kann der Teufel aber, zumindest bis zum Erreichen seines Ziels, durchaus charmant sein. Eine regelrechte Verführung wird von Catharina Bertschnitterin geschildert. Der Teufel habe sie beständig geküßt und ihr gesagt, "wie sie so hüpsch seye und ime wol gefalle".[287]

---

280) StAR (wie Anm. 11) II/I/III/4/2.

281) StAR (wie Anm. 11) II/I/V/8/59.

282) StAR (wie Anm. 11) II/I/V/8/95.

283) StAR (wie Anm. 11) o. Sign. 1626.

284) StAR (wie Anm. 11) II/I/V/8/38.

285) Hier liegt die Vorstellung von Incubi und Succubi zugrunde. Vgl. hierzu Sprenger/Institoris, Hexenhammer 1983[3], I S. 39: "Wohl zu bemerken ferner, daß sie (die Hexen) außer anderen Handlungen zur Stärkung jenes Unglaubens viererlei zu tun haben: den katholischen Glauben ganz oder teilweise mit gotteslästerlichem Munde abzuleugnen und sich selbst mit Leib und Seele zu verkaufen, die noch ungetauften Kinder dem Bösen selbst zu überliefern und teuflische Unflätereien durch fleischlichen Umgang mit den Incubi und Succubi zu treiben." Des weiteren S. 49: "Der Grund aber, warum sich die Dämonen zu Incubi oder Succubi machen, ist nicht das Lustgefühl, denn als Geister haben sie ja weder Fleisch noch Knochen; sondern der hauptsächliche Grund ist doch, daß sie durch das Laster der Wollust die Natur des Menschen beiderseits, nämlich den Leib und die Seele, zerstören, damit so die Menschen um so willfähriger zu allen anderen Lastern werden." Vgl. weiterhin O. Rühle, HDA IV, Berlin/New York 1987[2], s.v. Inkubus Sp. 695-696.

286) StAR (wie Anm. 11) II/I/V/18/4.

287) StAR (wie Anm. 11) II/I/V/8/12.

1577 wurden Catharina Bertsch von Kappel und Rosina Gräff, genannt Nellin, von Sigmaringen hingerichtet. Letztere gab an, sie wäre im Einverständnis ihrer Mutter von einem Teufel entehrt worden, während sich zur gleichen Zeit ein anderer Teufel mit der Mutter verging.[288]

Petronella Reim von Drolfingen bei Münsingen auf der Schwäbischen Alb gibt 1572 an, der Teufel habe sie nach einiger Zeit mit den Worten "den Rain hinabgeworfen": "Trolle dich nur, ich will deiner nicht mehr, denn ich habe der jungen schönen Mädchen genug".[289] Anna Merkhin habe er nach begangenem Schadenzauber verschmäht und gesagt, er "bederff Ir nicht mehr, er wolle sie fürhin nur blagen, well keine Alte mehr haben, er fünde der Jungen genug".[290] Das Stereotyp der Hexe als häßliche alte Frau wird hier deutlich abgelehnt. Als sich Maria Hertin vor des Teufels Nachstellungen in ihrer Kammer einschließt, sei er dennoch zu ihr gelangt und habe gesagt, "Könde nit vor ihm beschließen. Er möge leicht ein Löchlein haben, so kende er hinein kommen".[291]

Die geheuchelte anfängliche Hilfsbereitschaft des Teufels schlägt auch später oft ins Gegenteil um. Hat er sein Ziel erst einmal erreicht, scheut er sich auch nicht, unmenschliche Forderungen zu stellen. So gibt Conrad Haller an, es habe

> "der böse Geist Ime wiederum zugesprochen und begert, er solle ime ainmal etwas schenken, darauf das er nichts habe wieder geantwortet. Der böse Geist ime zugemutet, so solle er Ime doch ein Khind schenken, welches er gleichwohl ungern, doch letztlich ime das gröst medlin, Mareinle genannt, versprochen und geschenkt".[292]

288) StAR (wie Anm. 11) II/I/V/8/13.
289) StAR (wie Anm. 11) II/I/V/8/8.
290) StAR (wie Anm. 11) II/I/V/8/30.
291) StAR (wie Anm. 11) II/I/V/8/52.
292) StAR (wie Anm. 11) II/I/III/4/3.

Der Teufel kann aber auch durch ungebührliches und unchristliches Verhalten quasi heraufbeschworen werden. So etwa im Falle des Jacob Walzer von Deißlingen, der durch sein Fluchen den bösen Geist 'anlockte', wodurch seine Tochter mit diesem in Verbindung geriet und schließlich als Hexe verbrannt wurde.[293] Hans Winckhler sei der Teufel begegnet, weil seine Mutter ihn nicht recht beten gelehrt und nur in des Teufels Namen über ihn geflucht habe.[294]

II.11.2 Der Hexenflug

In zeitlichen Abständen verschiedener Länge taucht der Teufel immer wieder auf, stellt einen meist gesalbten Besen[295], Stock[296], Ofengabel, einen Hund, eine zuweilen gesattelte[297] Katze oder ein Schaf zur Verfügung, auf denen mit den Worten: "Wohl aus und an, stoß nirgends an"[298], "Hinaus ins Teufels Namen, wolaus und an rag niemen an"[299], "Laß gehn, laß gehn"[300] eine Fahrt zum Hexentanz, "gleichsam einer Windsbraut"[301], unternommen wird. Catharina Weissin erklärt, sie

---

293) RPR v. 31.01.1581: "Eodem Jacob Walzer von Teißlingen, umb das er sein dochter, so sich an den bösen geist ergeben gehapt, darumb auch ihr straff überstanden, mit seiner gotteslästerlichen Verfluchung, und Ergebung dem Teufel, In leibs, seel, und lebensgefahr geursacht; wie sie dan daruf gestorben, aus dem Thurm acht Tag In das Khuonsloch erkhendt, und daß Ime das Essen aus dem Spital zugeben, doch fürhin khein Wein zu gestatten.
Nach Fastnacht 1581. Jacob Waltzer von Deißlingen wegen er sein Dochter, die sich laider an den bösen Gaist ergeben und ir straff hierüber erlitten, mit seinem fluochen sie zum thail dahin verursacht, ußer der gefengknuß und Cuonsloch uf beschehen fürpitt erlassen."

294) StAR (wie Anm. 11) II/I/V/8/96.

295) Vgl. hierzu A. Haberlandt, HDA I, Berlin/New York 1987², s.v. "Besenritt", Sp. 1147-1150.

296) Vgl. hierzu L. Weiser-Aal, Zum Hexenritt auf dem Stabe, in: L. Weiser-Aal (Hg.), Festschrift für Marie Andree-Eysn, München 1928, S. 64-69.

297) StAR (wie Anm. 11) II/I/V/15/1 Urgicht Barbara Schmidin.

298) StAR (wie Anm. 11) II/I/V/8/59 Urgicht Dorothea Wagnerin.

299) StAR (wie Anm. 11) II/I/III/4/20 Urgicht Catharina Sengerin.

300) StAR (wie Anm. 11) II/I/V/15/5 Urgicht Margaretha Beringerin.

301) StAR (wie Anm. 11) II/I/V/8/59 Urgicht Dorothea Wagnerin.

"habe das Kätzin gesalbet mit einer Salbe vom Teufel.[302] Sie habe die Salbe gemachet und der bös feund hab Ihro geholffen und Sachen darzue geben, so blau weiß, und grien gewesen. Es seien diejenigen, so beim tanz gewesen, uf Hunden, Katzen, Gaissen und Gabeln daher gefahren".[303]

Zuweilen werden die Hexen auch auf dem Rücken des bösen Geistes getragen. So gibt 1561 Margaretha Parnmayer aus Kirchheim/Teck an:

"Es sey bei sechs oder sieben Jahren, daß der böse Geist nachts zu ihr kommen, sie auf den Rücken genommen, über die Stadtmauer hinausgetragen und auf den Heuberg zu einem Bildstock oberhalb der Goßheimer Steige geführt habe, wo noch zwei Weiber gewesen seyen, die mit ihr getanzt, sie aber dann mit Gabeln geschlagen hätten und bald darauf verschwunden wären, worauf sie selbst der böse Geist in die Stadt zurückgetragen hätte."[304]

Elsa Reinher gab 1566 vor:

"Auf eine Zeit sey der böse Geist, so sich Kreutle genannt, zu ihr in Schilteck gekommen, und hätte sie, ihr unsichtbar angeredet, sie solle auf eine Ofengabel sitzen, sie habe das gethan, und sey mit demselben unter die Lauberlinden bei Dunningen gefahren, wo viele Gespielen miteinander gezecht und auch ihr ein Gefäß voll Wein gegeben hätten, der aber nur schlechtes Wasser gewesen sei; um 10 Uhr nachts sey sie wieder auf dieselbe Weise wie sie gekommen haimgekehrt."[305]

Magdalena Stimmlerin aus Waldmössingen gab 1572 an:

"ihr Bul habe ihr einen schwarzen Hund gebracht, sie auf den selben gesetzt und sey gleichfalls auf einem Hunde mit ihr auf den Heuberg geritten, wo sie mit vielen Gespielen gegessen und getrunken, und dann auf dieselbe Weise wieder heimgekehrt seyen. Mehrmals sey sie auch auf einem Pferde, ihr Buhl auf einem Wolfe zu

---

302) Vgl. hierzu H. de Vries, Über die sogenannten Hexensalben, in: Salix-Zeitschrift für Ethnomedizin 2 (1986) S. 17-43.

303) StAR (wie Anm. 11) II/I/V/8/95.

304) StAR (wie Anm. 11) II/I/V/8/2.

305) StAR (wie Anm. 11) II/I/V/8/4.

Hexentänzen geritten; die Pferde aber seyen jedesmal entweder lahm geworden oder darauf gegangen."[306]

Albrecht Dürer, Reitende Hexe (1500/1503), Kupferstich

306) StAR (wie Anm. 11) II/I/V/8/7.

II.11.3 Der Hexentanz

Der Hexentanz findet meist auf dem Bollershof, dem Höllenstein, beim Harzwald, beim Schloßwald, meist aber auf dem benachbarten Heuberg statt. Hierzu erwähnt von Langen in seinem 1821 erschienenen Werk: "Noch gehet die Sage von dem sogenannten dürren Bäumlein, zwischen Obernheim und Deißlingen, daß da die Hexentänze gehalten worden seyn, darum es niemals Laub getrieben habe, ob es gleich immer grün gewesen."[307] Generell ist festzustellen, daß in den Akten des 16. Jahrhunderts von Hexentänzen und Mahlzeiten weniger die Rede ist, als in den Akten des 17. Jahrhunderts.

Am Tanzplatz angekommen, findet sich meist eine größere Gesellschaft bei Musik und Tanz. Zuweilen herrscht dort Redeverbot.[308] Hans Eisenmann gab an, er sei mit 506 Hexen zusammengekommen, nachdem der Teufel ihn in Weibsgestalt zum Hexentanzplatz geführt habe.[309] Im allgemeinen wird reichlich gegessen und getrunken[310]; bis auf Salz und Brot sind alle Speisen vorhanden. Vorgenannter Eisenmann erklärt dann auch, "es habe aber ine hernacher so übel gehungert wie zuvor". Anna Merkhin bemerkt, es habe "broth so am suntag zunacht gehefelt und Saltz so am suntag ausgemacht gehapt".[311] Catharina Bertschnitter erklärt, auf dem Tisch habe "ain schwartz ding, wahrscheinlich Brot gelegen, niemand habe davon gegessen". Es habe auch Wein gegeben, der sei "zu Zeiten sauer, manchmal süß gewesen".[312] Der Schmied Michael Freiß will beim Tanz silberne Becher gesehen haben.[313]

Theis Gruber aus Hochmössingen, genannt "Brattisgeiger", gab an, als Hexenspielmann auf den Tanzplätzen aufgespielt haben zu müssen. Beim Holzfällen im Wald habe ihm der böse Geist Geld angeboten, wenn er Gott,

---

307) Von Langen, Rottweil, 1821, S. 110.
308) StAR (wie Anm. 11) II/I/V/8/95.
309) StAR (wie Anm. 11) II/I/V/16/17.
310) Zum Hexenmahl vgl. Hansen, Zauberwahn, 1900, S. 449.
311) StAR (wie Anm. 11) II/I/V/8/30.
312) StAR (wie Anm. 11) II/I/V/8/12.

Maria und alle Heiligen verleugne. Nach anfänglichem Widerstreben habe er eingewilligt und 3 Florin gutes Geld erhalten. Er habe daraufhin auf dem Vogelinsberg, dem Pollenberg, dem Hohenstein, auf der Beffendorfer Steige und anderen Orten aufspielen müssen. Jedesmal habe er Lohn erhalten, sei aber vom bösen Geist zu Diebstählen und sodomitischen Lastern verführt worden. Der Teufel habe ihn dann auch in Gestalt eines Schimmelreiters nach Hause geleitet.[314]

Maria Reißerin von Rottweil gibt an, auf dem Hexentanz seien "drei stattliche Weiber zugegen und köstlich klaidt gewesen".[315] Margaretha Stimlerin erklärt, der Teufel sei zu ihr gekommen, als sie bei Mondschein gesponnen habe. Er sei auf einem Wolf über das Stadttor hinaus zu der Lauben Linden gefahren. Sie selbst sei mit ihren "Gespielen um die Metzig, darinn die Metzger bei Nacht geschlafen, herumbgefahren, dessen die Metzger erschrickt. In Ansehung die Metzger Hund inen zwischen die Füß geschlichen, sie darauf auf den Heuberg gefahren".[316] Appolonia Klugin aus dem Blatternhaus erklärt, sie sei "bey 8 malen uff Ofengabeln umb den Hailig Kreuz Thurm gefahren, alles in des bösen Geists Namen und uff dessen bevelch".[317] Ähnliches sagt Anna Möslin, wenn sie erklärt,

> "der bös Geist sei vor ihrem Haus mit einem Wolf oder Hund erschienen, gesagt muß darauf sitzen und mit drei oder vier Weibspersonen umb die Metzge fahren, in seinem Namen darauf gesessen und gesagt 'wohl uff und ahn stoß nirgends an' und uf zway oder drey mahlen mit zimblicher ungestim gefahren und zum Hexentanz geritten".[318]

---

313) StAR (wie Anm. 11) II/I/V/8/33.
314) StAR (wie Anm. 11) II/I/V/8/56.
315) Urgicht Maria Reißerin, StAR 1626 o. Sign.
316) StAR (wie Anm. 11) II/I/V/8/7.
317) StAR (wie Anm. 11) II/I/V/8/35.
318) StAR (wie Anm. 11) II/I/V/11/4.

Selten verlangt der Teufel beim Hexentanz eine regelrechte Anbetung.[319] Anna Schaubin gesteht,

> "ihr Bul habe ahn sie begeret, solle ihn anbeten, welches sie tun wollen und als sie angefangen recht zu beten, hab er Ihren abgewehrt und gesagt, solle beten wie ers haisse und sagen 'Du bist der Teufel und ich bin des Teufels'".[320]

Hexen bewirken einen Wetterzauber. Aus: Ulrich Molitor, De lamiis et phitonicis mulieribus Teutonice unholden vel hexen, Straßburg 1489.

---

319) Derartige Fälle sind Ausnahmen. Das sektenhafte, pseudoreligiöse Element des Hexentanzes fehlt im allgemeinen in den Rottweiler Urgichten. Zur Einteilung der verschiedenen Hexentanzschilderungen vgl. van Dülmen, Die Dienerin, in: ZfHF 18 (1991) S. 385-398, hier S. 389-391.

II.11.4 Der Schadenzauber

Regelmäßig verlangt der Teufel, auch Schadenzauber[321] zu verüben. Die Rangskala der Schadensfälle, die auf Hexerei zurückgeführt wurden, waren Krankheiten und Todesfälle, vor allem solche von Kleinkindern, Viehkrankheiten und Seuchen, Ernte- und Flurschäden.

Der Schadenzauber geschieht meist, indem der Teufel der "Hexe" einen Stock gibt, mit der dieselbe dann im Namen des bösen Geistes ein Haustier (meist Kuh, Schwein, Pferd oder Ziege) anschlägt[322], worauf dieses lahm oder sonstwie krank wird, häufig auch stirbt.[323] Menschen werden in der Regel im Namen des bösen Geistes angeblasen[324], oder es wird ihnen Spinnenhirn ins Essen gegeben, was die gleichen Auswirkungen hat. Dem Schadenzauber liegt meist eine soziale Konfliktsituation zugrunde. Der "Hexe" wird Geborgtes nicht zurückgegeben, sie wird beschimpft, es werden ihr Almosen verweigert[325] und ähnliches.

Durch die Verweigerung von Almosen verletzen die späteren Opfer ihre durch Tradition festgelegten Pflichten.[326] Dennoch ist nicht derjenige, der

---

320) StAR (wie Anm. 11) II/I/V/8/70.

321) Vgl. K. Beth, HDA VII, Berlin/New York 1987², s.v. Schadenzauber, Sp. 969-971.

322) Über die Fähigkeiten von Hexen, auch ohne Gift, d.h. nur durch Berührung schädigen zu können vgl. G. Goedelmann, Von Zäuberen, Hexen und Unholden, Frankfurt a.M. 1592, S. 77, 83.

323) Über das Anhexen von Krankheiten vgl. A. Chmielewski-Hagius, Wider alle Hexerei und Teufelswerk...vom alltagsmagischen Umgang mit Hexen, Geistern und Dämonen, in: Lorenz (Hg.), Hexen, 1994, Aufsatzband S. 147-160, hier S. 154.

324) Vgl. W. Aly, HDA I, Berlin/New York 1987², s.v. blasen, SP. 1354-1360.

325) Vgl. z.B. die Urgicht von Paul Bilger von Pforra, StAR (wie Anm. 11) II/I/III/4/8. Zum Schadenzauber als Folge von Almosenverweigerung vgl. N. Schindler, Die Entstehung der Unbarmherzigkeit, in: N. Schindler (Hg.), Widerspenstige Leute. Studien zur Volkskultur in der frühen Neuzeit, Frankfurt a.M. 1992, S. 258-314, S. 304-311.

326) K. Thomas, Religion and the Decline of Magic. Studies in popular beliefs in sixteenth and seventeenth century England, Harmondsworth 1971, S. 663.

die Hilfsbereitschaft versagt und somit die soziale Regel verletzt, schuldig, sondern die Hexe, die mit der Bezauberung reagiert hat.[327]

Anna Huenckherin von Hochmössingen berichtet, der böse Geist habe sie beim Holzsammeln angeredet. Er sei "in einem grauen Klaidt, weissen huet und großen Federboschen" erschienen. Dem Müller Claus, der ihr einen "Arm Heu" verweigerte, solle sie eine Ziege umbringen, indem sie einen Stein in des bösen Geists Namen nach ihr werfe. Sie solle auch "grundt aufheben" und denselben in des Teufels Namen nach den Schafen werfen, damit diese „abgingen". Auch solle sie die Stute des Schwiegersohnes, der ihre Tochter "übel halte, [...] mit einem ruetlin in seinem namen schlagen", damit sie "abgehe". Einer Schuldnerin solle sie in seinem Namen etwas zu trinken geben, so werde dieselbe sterben.[328]

Elisabeth Schneiderin habe einige Männer totgehext, die sie wegen ihres "krummen gangs und sunnsten verspottet und ausgelacht"[329] hätten. Anna Schaubin schildert folgenden Hergang:

> "Item als vor vier Jahren des Messmers Frau Ihr Stieffkind über den Brunnen geführt und denselben sein Unrath gar stiefmütterlich und gröblich mit einem Strohwisch abgerieben, Sie Anna derohalben solche beredt, warumb sie so grob mit dem Kind umgange, Ihren zuo antwurt geben, soll es Ihme selbst herabschlecken bis es sauber werde, der bös ihren erschienen und befohlen, solle gedachtes Messmers Weib mit einem gertlein schlagen, werde sie sterben, welches geschehen, darüber sie erkrankhet aber nit gestorben."[330]

---

327) Ähnlich bei Macfarlane, Witchcraft, 1970, S. 178: "[...] witchcraft accusations may be seen as a means of effecting a deep social change from a neighbourly, highly integrated and mutually interdependent village society, to a more individualistic one." Dieses Schema auch bei Thomas, Religion, 1971, S. 661: "The witch is sent away empty-handed, perhaps mumbling a malediction; and in due course something goes wrong in the household, for which she is immediately held responsible."

328) StAR (wie Anm. 11) II/I/V/8/57.

329) StAR (wie Anm. 11) II/I/V/8/61.

330) StAR (wie Anm. 11) II/I/V/8/70.

Interessant ist hierbei auch, daß einige Inquisiten angaben, der Teufel habe ihnen befohlen, hoffärtige, leichtsinnige Frauen und solche Männer anzugreifen, die durch einen schlechten Lebenswandel auffällig wurden. Anna Zapp von Deißlingen gab somit an: "Der böse Geist habe ihr befohlen, ein Weib in seinem Namen anzublasen, weil sie nimmer in die Kirche gehe."[331] Dennoch wurden diejenigen, die Kirchen und Wallfahrtsorte regelmäßig besuchten, die heilige Kommunion empfingen oder beteten, stets vom bösen Geist übel traktiert. Er verlangte sogar, statt Gott ihn selbst anzubeten, was Barbara Schreiner von Leidringen gestand, auf Verlangen des Verführers, der sich Elzebock genannt habe, getan zu haben, "ungeachtet sie denselben vorher von einer sehr natürlichen seite kennengelernt habe".[332]

Barbara Dietschin verübte ihren Schadenzauber, nachdem die von Bürgern an Allerseelen gespendeten Almosen von den Bettelvögten ungleich verteilt wurden.[333] Margaretha Hänin verfluchte ein Kind, das sie auf der Straße umrennt: "Daß dich die Beulen ankummen miessen als Leckers, warum stößest du mich?"[334] Barbara Khuefferin verdarb 1615 die Halferernte, "weil die Bauern zu Yrslingen so gar gottlos seien".[335] Elsa Bernhartin verübte einen Wetterzauber, "weil die Welt, Jung und Alt, so böß, auch übermüettig seye."[336] Maria Reißerin erklärte,

> "vor vier Wochen am Freitag, alls Sie das Almosen in unser Frauen Haus geholet, habe das Simile der Bettelvogt so gar jämmerlich übel uf die arme Leuth geschworen und gesagt sie seien Teufelskinder, da seye der böse Geist bei der Steegen zuo Ihren kommen und gesagt, weil er so maisterlos und unwürsch über die Armen

331) StAR (wie Anm. 11) II/I/V/11/6.
332) StAR (wie Anm. 11) II/I/V/8/85.
333) StAR (wie Anm. 11) II/I/V/8/84.
334) StAR (wie Anm. 11) II/I/V/8/6.
335) StAR (wie Anm. 11) II/I/V/8/64.
336) StAR (wie Anm. 11) II/I/V/17/7.

seye, auch so überflüßig brodt zu essen habe, solle sie es in seinem Namen anblasen, so werde er sterben [...]".[337]

Die Opfer des Schadenzaubers sind oft Kinder, in jedem Falle aber Menschen aus dem unmittelbaren Umfeld der Angeklagten. Die Gefolterten gestehen, Leute in des bösen Geists Namen angeblasen, angerührt zu haben, Kinder in die Wiege gelegt oder gedrückt zu haben, den Bräutigam in der Kirche zur rechten Tür ausgewiesen zu haben, damit er seine Mannheit verliere.[338] Salomea Herderin gestand, ein Kind geschlagen zu haben, "davon es an seinem Haupt ain abscheilichen Fluß, auch großen Unrath überkommen".[339] Barbara Khuefferin sollte ihrem Mann einen Holzspan in die Lenden werfen, damit er "serbe und sterbe". Mit einer Materie habe sie einen "Pfeffer" gekocht, wovon dieser dann gestorben sei.[340] Brigita Mayerin habe ihrem Mann eine "schwarze Materie" in die Suppe gegeben, wovon dieser gestorben sei.[341]

Die Ursula Denger von Stühlingen bekannte in diesem Zusammenhang,

> "der böse Geist habe ihr befohlen sich in eine Katze zu verwandeln und zu einer Frau in die Kammer zu laufen, um ihr über die Schüsseln, aus welchen sie essen würde, zu blasen, damit dieselbe serbe und sterbe. Sie habe sich nun wirklich in eine Katze verwandelt und sey außen an der Mauer des Hauses zu der Kammer der Frau hinaufgestiegen, habe über die Schüsseln geblasen und sich dann wieder an der Mauer hinabgelassen. Jene Frau sey auch wirklich gestorben".[342]

---

337) Urgicht Maria Reißerin, 1626, StAR o. Sign. Diese Aussage wirft auch ein bezeichnendes Licht auf das Ansehen der bettelnden Unterschicht in der Stadt. Eine Ansiedelung derselben im Dunstkreis des Bösen wird offensichtlich.

338) StAR (wie Anm. 11) II/I/V/8/3.

339) StAR (wie Anm. 11) II/I/III/4/2.

340) StAR (wie Anm. 11) II/I/V/8/64.

341) StAR (wie Anm. 11) II/I/V/16/12.

342) StAR (wie Anm. 11) II/I/V/11/4.

Dieselbe Frau gab an, der Teufel habe sich vor ihren Augen in einen Hasen verwandelt und sei gleich darauf verschwunden. Ähnliches gibt Anna Mörlin an, wonach der Teufel in Gestalt eines Hasen aus dem Haus hinaus gefahren und verschwunden sei, nachdem sie sich weigerte, ihn auf den Hexentanz zu begleiten.[343] Anna Edelmännin von Waldmössingen gab an, "ein Roß in den Weiher verführt" zu haben, "damit dessen Reiter ertrinkt, wo man ihn nicht schreien hört und keine Hilfe da ist".[344] Caspar Lenglin habe auf Geheiß des Teufels "Herrn Leonhard Khuns Hausfrau (um deßwillen sie den Leuten bös wort und Fleisch gebe) in seinem Namen" geschlagen, darauf sei "iren die Milch vergangen, sie kranck worden, und nit mehr säugen können."[345] Barbara Spindlerin von Zepfenhahn sei mehrmals vom bösen Geist zur Brandstiftung aufgefordert worden.[346]

Anna Gritzerin von Schömberg, aber in Neufra wohnend, erklärte, der Teufel sei ihr in schwarzen Kleidern, einem schwarzen Hut mit einem schwarzen Federbusch erschienen und habe sich Hämmerlin genannt. Er habe mehrfach die Unzucht mit ihr verübt und:

> "Als ihr Sohn Hochzeit gehalten, sey der böse Geist ihr wiederumben erschienen, gesagt sie solle genantem Irem Sohn die Mannheit nemmen[347], sie dann ein Schüssel mit Wasser aus der Kuchin genummen, dieselbe auf die Binin getragen, alda der bös iro fünf Börlein geben, und gesagt sie solle dieselbe in dasselb Wasser legen, Ime das zu Drincken geben, so beschehen, davon auch Ime die Mannheit genummen worden.[348] [...] Auch vor zwey Jaren seye sie zu Zimmern in des Vogtshauß

---

343) StAR (wie Anm. 11) II/I/V/11/4.

344) StAR (wie Anm. 11) II/I/V/1/12b.

345) StAR (wie Anm. 11) II/I/III/4/15.

346) StAR (wie Anm. 11) II/I/III/4/1.

347) Über angehexte Impotenz vgl. auch J. Delumeau, Angst im Abendland, 2 Bde., Hamburg 1985, I S. 112-113.

348) Zur "impotentia ex maleficio" vgl. W.G. Soldan/H. Heppe, Geschichte der Hexenprozesse, hg. von M. Bauer, Hanau 1968/69, I S. 91. Vgl. hierzu ebenfalls Sprenger/Institoris, Hexenhammer, hg. v. J.W.R. Schmidt, Berlin 1993^3, I S. 127: "Ob die Hexen die Zeugungskraft oder den Liebesgenuss verhindern können, welche Hexerei in der Bulle enthalten ist, achte Frage." Es heißt hier S. 131: "Ferner, wenn Unfähigkeit zu solcher Handlung manchmal aus natürlicher Kälte oder natürlichem Mangel sich

khummen, alda über nacht gelegen und als sie an das Volckh begert, sie sollen Iro auch Habermuß geben, die dann gesagt, sie haben nur für sich, über welches der bös Geist iro bevohlen, sie solle etliche Spinnenhirn zusammen nemen, und es Inen in die Suppen legen, welches sie eingewilliget, habe solches Spinnenhirn in ein Limplein genummen und Inen in den Hafen gelegt, worvon dann das ganz Hausgesind kranckh worden."[349]

Ähnliches schildert auch Catharina Bertschnitterin. Hier ist eine soziale Konfliktsituation zwischen Herrschaft und Dienstmagd der Ausgangspunkt. Der Teufel habe gesagt: "Gellt, man heißt dich nur Teufelskind? Und hab der bös alle Worte, was die Frau mit ihr geredt, so wohl gewußt, als wann er dabei gewesen." Er fuhr fort: "Man habe ihr Laids getan. Darum muß sie den Leuten auch Laids tun." Er habe

"darauf ein glühende Kandt, welchen er gesagt, unter der Kutten hervorgebracht zu haben, dieweil sonst kein Feuer im Haus gewesen, herfürgezogen und ihr denselben in die Hand geben und sie hinauf in das Stroh zu stoßen bevohlen. Auch ihr die Handt damit hinaufgestoßen und sie den Brand also stecken lassen. Hab er ihr was schwartzes, wie übel Samen (sie achtet es sei Pulver gewesen) zum zweiten mal herfürgezogen und in das Stroh uff den Brand gesetzt".[350]

Agatha Hagnerin bekennt folgenden Schadenzauber und belastet damit ihre Tochter schwer:

"Verschienen Sommers als die Closterfrau Salome Kellerin in der Aw bei ihrer Schwester gebadet, habe Ir dochter Iren zugesprochen, gedachter Closterfrau auch etwas in das Bad zu schickhen, also habe sye aus zusprechen Irer dochter gedachten Closterfrawen ein wenig Magenpulver aus sonder gefaßtem Neüd in des bösen

---

einstellt und man fragt, wie man unterscheiden könne, was infolge von Hexerei geschehen sei und was nicht, so antwortet Hostiensis in seiner Summa (mag es auch nicht öffentlich zu predigen sein): wenn die Rute sich gar nicht bewegt, so daß (d) er (Mann) niemals (sein Weib) erkennen konnte, so ist dies ein Zeichen von Kälte; aber wenn sie sich bewegt und steift, er aber nicht vollenden kann, so ist das ein Zeichen von Hexerei."

349) StAR (wie Anm. 11) II/I/V/8/93.

350) StAR (wie Anm. 11) II/I/V/8/12.

Namen bey irer dochter hinab in die Aw geschiggt, darüber sie auch Krankheit empfangen."[351]

Welch kuriose Ausprägungen diese Geständnisse haben können, geht aus den folgenden Beispielen hervor. So erklärte Anna Merckhin von Kappel, der Teufel habe sie angesprochen und gesagt, "uff Ir Tochter Tisch werde sie Schmer finden, daß sie Ihr in die Händt geben werde, solle sie Ir den Kopf damit salben, werde sey unsinnig und taub werden und sich selbst umbringen". Beim nächsten Tanz

"hab der bös Geist gesagt, sie wollen zu ihr Tochter hinaus fahren und den Schmer ab dem Kopf fressen, welches sey gethan und in gestalt der Rappen hinein durch die Fenster geflogen und Ir die Schmer ab dem Kopf gefressen, volgends wieder von dannen geflogen".[352]

Margaretha Brellerin habe "der böse Geist etlich Kies geben und in den Brunnen werffen heißen. Das sie gethan und das Kies hinein geworffen. Davon seyen die Fugen an dem Brunnen uffgangen und das Wasser ausgeloffen".[353]

Wie bereits erwähnt, geht bei den männlichen Angeklagten das Delikt der Hexerei häufig einher mit anderen Straftaten. Oft sind die Angeklagten Mitglieder einer Räuberbande. Dabei wird häufig gestanden, daß es der Teufel war, der dieselben zusammengeführt und zu allerhand übeltätigem Werk angestiftet habe.

Veltin Sauger brachte der böse Geist so mit einer Räuberbande zusammen. Er habe "auch ein ayd mit uffgehabnen Fingern erstattet und geschwo-

351) StAR (wie Anm. 11) II/I/III/4/24.
352) StAR (wie Anm. 11) II/I/V/8/30.
353) StAR (wie Anm. 11) II/I/V/8/36.

ren, Inen helffen zu brennen, zu stehlen und zu morden, auch von Ihnen nicht zu weichen noch das wenigst von Inen zu sagen".[354]

Ulrich Losch von Metzingen bekennt, der Teufel sei ihm

> "abermaln in selbiger Kleidung erschienen, sagend: Er solle Ime folgen und stehlen, brennen, morden und nichts Gutes tun, und wann schon die Leut Ine davon weisen wollen, soll ers dennoch nit tun, sondern sich stark auf ihn verlassen".[355]

Bei den weiblichen Angeklagten stehen einige Hexereiverfahren in Verbindung mit Kindsmord, der auf die Einflüsterungen des Teufels gedeutet wird. Brigida Bawmännin sei sogar vom Teufel geschwängert worden,

> "und als sie verschienen Zinstag dies laufenden 92. Jars die Stund der Gepurt sich genähert und die Weetagen der gepurt gespürt, habe sie sich in ier schlaffbeth begeben [...] habe sie das Khindt, so ein vollkommenlichs Kneblin gewesen geporen und empfangen. Welches Khindt gleich ain ärmblin und schenckhlin zwischen iren Schenckeln geregt, und uff ier der Mutter anzeigen nach das Khind ein grallen gelassen. Dasselbig hab sie mit der ganzen volkhomen lincken Hand, bei dem Helsle erwischt in willen und meinung, dasselbig zu thedten und zu erwürgen, wie sie auch solches gehörter maßen leider erdtötet, erwürgt und hingericht".[356]

Einen wesentlichen Bestandteil des Schadenzaubers bildet der Wetterzauber. Der Teufel gibt den Frauen einen "Hafen"[357] mit der Aufforderung, hineinzuharnen. Ist dies geschehen, wird der Topf umgeworfen, woraus sich ein Unwetter mit Wind, Regen und Hagel ergibt, das die Ernte verdirbt oder zumindest großen Flurschaden anrichtet.[358]

---

354) StAR (wie Anm. 11) II/I/III/4/18.

355) StAR Urgicht Ulrich Losch, 1584, o. Sign.

356) StAR Urgicht Brigida Bawmännin, 1592, o. Sign.

357) Vgl. V. Geramb, HDA IV, Berlin/New York 1987[2], s.v. Kessel, Sp. 1255-1269.

358) Dabei ist festzuhalten, daß in Rottweil nie der Vorwurf des Weinverderbens gemacht wurde. Dementsprechend finden sich, ganz im Gegensatz zu den umliegenden Territorien, keine Hinweise auf eine Schädigung der Traubenernte in Rottweil. Dies liegt wohl in erster Linie daran, daß die Reichsstadt aufgrund ihrer klimatischen und geologischen Verhältnisse kein großes Weinanbaugebiet war, und die mindere Qualität

Anna Montelin gibt dementsprechend 1629 an, der böse Geist sei ihr in "grienen Klaidern" erschienen und habe sich Gräßle genannt. Sie sei

"auf einer Katz und Ire gespiel auf einem steckhen auf Haßla zum Hexentanz gefahren [...] Als sie zu Neggerburg dem Almußen nachgangen, seye der böse Geist Iro im Böckhen hölzlin begegnet und gesagt, sie solle sich risten, sie müsse mit sambt noch andern dreyen Iren gespielen zum Rotenbrunnen fahren, Iro ein gabel zugestellt, darauf sie gesessen und fortgefahren, dan nach vollendter damals gehabter Mahlzeit, habe er selbst in einem Hafen dann Irer aine den Hafen umbschuten wollen, weil aber solcher Hafen im vorhabenden umbschieten an einem Steckhlin hangen blieben und nit gar umbgeschiet worden, seye ain wenig Regen und gar starkhen Wind sonst aber khain ander hagel nit erfolgt".[359]

Michel Aspiron erklärt, der böse Geist habe

"einen Hafen gebracht und dabey gesagt, er habe etliche stueckh darin gethan er solle jetzunder sein Wasser darzu lösen und selbiges hernacher umbschitten, werde ein Reiff daraus erfolgen, weil aber solches als das erste mal nit volkommenlich gerathen, habe der böse Geist ihm wieder andere Materie in den Hafen gelegt, das er wieder wie zuvor darin harnen und hernacher umbschütten solle, es werde ietzund geratten und ein großer Reiff entstehn".[360]

Ähnliches bekennt Anna Meßmerin. Danach habe der böse Geist ihr und ihren Gespielen einen "Hafen" gegeben und

"befohlen alle darein zu harnen und denselbigen den Berg hinaufwärts zu stoßen, werde darüber beede Fleckh Epfendorff und Altoberndorf gentzlich undergen,

---

des Rottweiler Weines bereits Zeitgenossen sprichwörtlich war: "Z' Rottwil wächst an Wi, er könnt it surer si!" Vgl. Hecht, Rottweil und die Städte, in: Quarthal (Hg.), Schwarzwald, 1984, S. 483-500, hier S. 489. Daran änderte sich auch nichts, als die Stadtobrigkeit 1401 zwei Reutlinger Weingärtner nach Rottweil holen ließ. Vgl. Günter (Hg.), Urkundenbuch, 1896, I S. 254 Nr. 626 vom 01.02.1401. Auch dem Teufel war nichts an einer schlechten Weinernte gelegen. Das Gegenteil war der Fall. Georg Sautter wird laut dessen Aussage vom bösen Geist verboten, den Wein zu verderben, denn "beim Wein bekomme er die Leut." StAR (wie Anm. 11) II/I/V/3.

359) StAR (wie Anm. 11) II/I/V/8/82.

360) StAR (wie Anm. 11) II/I/III/4/25.

welches sye den ersten angriff gethan und die ander Iren gespielen denselben Hafen zwar umbgeschitt, weil aber selbiger Hafen allein den Berg herab und nit Berg herauff des bösen Feinds Anschlag und begeren noch umbgeändert worden, seyen allein ein groß Gewäter daraus entstanden, viel Stein geben und großen Schaden gethan".[361]

Margaretha Parnmayerin habe der Teufel einen "Hafen" mit Kräutern und Wasser gegeben, den sie umschütten sollte.[362] Sibilla Schaaf habe er "Kernle wie Samen" gegeben, die sie in einen Kessel "stoßen" sollte.[363] Michel Ganther beschreibt die Ingredenzien als "häßliche Materie".[364] Anna Edelmännin gibt zu verstehen, im Kessel sei Wasser und Sand gewesen. Darüber hinaus habe sie hineinharnen müssen.[365] Margaretha Stimlerin wurde befohlen, den "Hafen" bei einer "Wegscheiden" umzuschütten. Auf vielfältiges "schreckliches trewen, als sy zuvor in seinem Namen darin gespüwen", habe sie es auch getan, "worauf ein schröcklich Wetter und Hagel erfolgt". Er habe ihr

"ein Scherben und Eschensacks darinn schwarze stinkende und brennende Materie gewesen geben, zuvor werffen geheißen [...] Das sy vor der Linden gethan, der Scherben samt der Materie grewlich über sich gesprungen, verstoben und ain Dampff gehn Himmel gefahren. Als sy nun in das Dorf khomen, sey ein ungestüm Wetter und ein schedlicher Hagel erfolgt".[366]

Schließlich gibt Katharina Höwerin folgende Aussage:

"Sie habe vor der Stuben ein groß Dümmel und Katzengeschrei gehört. Als aber sie hinaus zur Stuben kommen, solches Geschray und Tümmel nachgelassen. Der Kreutlin vor der Stuben gestanden und zu iren gesagt, wir müssen ihnen ein Bossen machen und darauf Iren befohlen, solle ein Hudel hinter dem Trog nehmen

361) StAR (wie Anm. 11) II/I/III/4/22.
362) StAR (wie Anm. 11) II/I/V/8/2.
363) StAR (wie Anm. 11) II/I/V/8/11.
364) StAR (wie Anm. 11) II/I/V/8/67.
365) StAR (wie Anm. 11) II/I/V/1/12b.
366) StAR (wie Anm. 11) II/I/V/8/7.

und damit herumb fahren und sagen 'Schu hu', werde ein Windt kommen, welches sie gethan, alsobald ein groß brausen und sausen gehört worden."[367]

Ulrich Molitor, De lamiis et phitonicis mulieribus Teutonice unholden vel hexen, Straßburg 1489. Missetaten der Hexen: Schadenzauber („Hexenschuß"), Wetterzauber, Teufelsbuhlschaft und Hexensabbat.

367) StAR (wie Anm. 11) II/I/V/8/14.

II.11.5 Tierverwandlungen

Auch Tierverwandlungen[368] in Schaf[369] und Katze[370] kommen vor. Anna Weissin bekennt in dieser Hinsicht,

> "der böse Geist, der Hämerlin, sey Iren an der Bösinger Steig begegnet. Daselbsten der Hirt von Epfendorf die Schwein gehiet. Er zu Iren gesagt, sie solle in Gestalt eines Hasen[371] under die Schwein fahren, werden sie verstrebt, do und dorthin, welches sie gethan, under die Schwein gefahren, seyen sie hin und wieder verloffen und lang mit dem Eber umgangen".[372]

Nothburga Burckhartin gibt bekannt, sie habe sich in eine Katze verwandelt und sei auf einer Gabel losgefahren, wobei sie ihren Weg durch drei auf der Straße stehende Mädchen genommen habe, die daraufhin "wie von einem Windstoß verursacht, umgefallen" seien.[373] Anna Edelmännin von Waldmössingen bekennt 1615, der böse Geist habe ihr befohlen, einem Bauern, der Garben nach Hause fuhr, bei der Heimfahrt unter den Wagen zu kriechen. Dabei hätte sie sich mit ihrer Gespielin in Schafe verwandelt und den Wagen umgestoßen.[374]

---

368) Der Glaube an die Verwandlungsfähigkeit beruhte auf dem Seelenglauben. Die Seele konnte während des Schlafes und nach dem Tode den Körper verlassen und Tiergestalt annehmen. Was aber der Seele auf ihrer Wanderung außerhalb des Körpers zustößt, widerfährt auch dem schlafenden Körper zur gleichen Zeit. Vgl. H. Gering, Über Weissagung und Zauber im nordischen Altertum, Kiel 1902, S. 12f. Vgl. auch R. Riegler, HDA VIII, Berlin/New York 1987², s.v. Tiernamen, Sp. 864-901, hier Sp. 895.

369) Zur Verwandlung in Schafe als volkstümliches Motiv vgl. Thompson, Motif-index, 1955-58², D 135.

370) Vgl. H. Güntert, HDA IV, Berlin/New York 1987², s.v. Katze, Sp. 1107-1124.

371) Vgl. R. Riegler, HDA III, Berlin/New York 1987², s.v. Hase, Sp. 1504-1526, Hase als verwandelte Hexe Sp. 1508 f. Hase als verwandelter Teufel Sp. 1519.

372) StAR (wie Anm. 11) II/I/V/8/28.

373) StAR (wie Anm. 11) II/I/V/8/92.

374) StAR (wie Anm. 11) II/I/V/1/12b.

II.11.6 Apotropäen

Im Umgang mit dem Teufel sind den Angeklagten auch stets apotropäische Maßnahmen bekannt, deren Anwendung zuweilen zwar hilfreich ist, im Negativfall aber von Seiten des Teufels mit Gewalt beantwortet wird. Einige Beispiele dieser apotropäischen Maßnahmen seien im folgenden wiedergegeben.

Barbara Zellerin verweist so auf die Wirkung des heiligen Sakramentes:

> "Und als sie oftermals hiezwischen in der heiligen österlichen Zeit das heilige Sacrament empfahen wöllen, seye dasselbig enthnuert und ausgespeyen, wann sye dasselbig werde miessen, welle er sye darüber zerreißen und zerschlagen."[375]

Margaretha Rall bekennt, daß sie das heilige Sakrament "in den Schleier oder Busen fallen" ließ, "davon ist dasselbig an ihrem Leib verschmolzen; zudem wollte der böse Geist nicht, daß sie in die Kirche geht, pater noster[376], geweihte Lichter, Salz oder Weihwasser gebrauche oder bei ihr trage".[377]

Michel Aspiron erklärt, "und das erste Mal als er bätten wöllen habe er ihn bei der Gurgel erwischt und erwirgen wöllen, auch dermaßen schon erlembt und umfangen, das er nit mehr den Atem faßen kinden". Nachdem Aspiron schließlich gestand, sei "der böse Geist von Ime verschwunden und schreckliche Sachen hinder Ime verlassen".[378]

---

375) StAR (wie Anm. 11) II/I/III/4/6.

376) Vgl. A. M. Schneider, HDA VIII, Berlin/New York 1987², s.v. Vaterunser Sp. 1513-1515.

377) StAR (wie Anm. 11) II/I/V/9/39. Vgl. hierzu auch H. Freudenthal, HDA IV, Berlin/New York 1987², s.v. Kerze, Sp. 1243-1255. Weiterhin R. Hünnerkopf, HDA IX, Berlin/ New York 1987², s.v. Weihwasser, Sp. 286-289. Schließlich H. Freudenthal, HDA V, Berlin/New York 1987², s.v. Licht, Sp. 1240-1258.

378) StAR (wie Anm. 11) II/I/III/4/25.

Eufrosina Freiburgerin bekennt

"uff verschienen trinitatis als sie ein lebendig Opfer uff der heiligen Dreifaltigkeit berg getragen und dahin ein Wallfahrt getan, im Herabgehn sei er iren begegnet und gar übel zufrieden gewesen mit vermelden, sie wisse wohl, daß sie diesen Weg nicht mehr gan solle, habe er ihren solches hinfürt zutun verboten und übel geschlagen".[379]

Um vom Teufel freizukommen, macht auch Anna Schneiderin eine Wallfahrt zum "heiligen Bronnen" und habe

"uff halben tag mit großem seufzen, bitten und betten die hl. Dreifaltigkeit und die Mutter Gottes angeruft, sie wöllen Ihro hilfflich, beiständig sein, das sy wiederumb von dem Bösen Feind erledigt werden möchte, sich ganz und gar außgezogen und entblöst im Brunnen allenthalben gewäschen, auch durch getrunken, volgends das Hemd, Goller und Hauben so sie weiß angetan und ufgesetzt, wie auch das wächse Creutzle[380], so sie mit Ihro dahin getragen, der Mutter Gottes und ihrem Kind uffgeopfert, ain ander Hemd, Goller und Hauben, so sie mit ihr getragen, dagegen angezogen, drei andere wächsene Creutzle bei unser frawen alda um umb ain Doppelvierer gelöst, das ein auf Irem Kopf zwischen Ihr Scheittel, das ander uff ihr Herz gethan, das dritte aber in das Nadelband vernähet, dernach in Gottes Namen heimgezogen, des heiligen bronnen wassers ein Kruog voll mit Ihro genommen, selbigen nach und nach ausgetrunken".[381]

Daraufhin habe sie der Teufel für 20 Jahre verlassen. Hans Eisenmann erwähnt, daß er mit seinen "Gespielen ein Stückhlein geweiht wachs und St. Johannes Evangelii bei Inen getragen, hab er Ihnen nichts thun können".[382]

Von Maria Hertin verlangt der Teufel, sie "soll nicht in die Kirche gehen, nicht mehr beten, sich nicht mehr die Hände waschen oder was sonst

---

379) StAR (wie Anm. 11) II/I/V/8/22.

380) Über das Kreuz als besonders schützendes Zeichen im Volksglauben vgl. A. Jacoby, HDA V, Berlin/New York 1987², s.v. Kreuz, Sp. 478-484 sowie ders., HDA V, Berlin/New York 1987², s.v. Kreuzzeichen Sp. 535-562.

381) StAR (wie Anm. 11) II/I/V/15/5.

ein Christenmensch tue". Ihre Mutter gibt ihr über lange Zeit Weihwasser zu trinken; erst als sie dieses absetzt, kommt der Teufel am St. Johannestag wieder.[383]

Bannende Wirkung haben auch Brot[384] und Salz[385], die ja auch stets beim Hexentanz fehlen. Margaretha Rall erklärt,

> "man habe ihr Brot zu schneiden gegeben, das sie in ihrem Busen behalten in der Hoffnung, das der böse Geist onangefochten verblieben, denn wo etwas von einem Heiligen oder das heilige Brot, könnte er nicht bleiben, sondern verschwinde".[386]

So greift dieselbe auch in ihrer Haft zu einem Stück Brot, das ihr der Turmhüter gegeben hat, worauf der Teufel verschwunden sei. Desgleichen befragt der Teufel Anna Zäppin von Deißlingen, was sie mit dem Geld, welches er ihr gab, kaufen wolle. "Sy antwurtt broth und Salz, als bald aber sy das Salz genamset, der bös Geist gar unwürscht und zornig worden."[387] Später trägt sie auch beides bei sich, damit der Teufel sie nicht mehr belästigt.

Catharina Bertschnitterin bekommt von ihrer Schwester ein "wechsin licht" um den Hals gebunden. Dieses sei aber an ihr herabgefallen. Auch der Mutter, die von ihr ebenfalls als Hexe besagt wird, "hab, doch mehr vorm Vater als zum Schein auch eins herum gebunden".[388]

---

382) StAR (wie Anm. 11) II/I/V/16/17.

383) StAR (wie Anm. 11) II/I/V/8/52.

384) F. Eckstein, HDA I, Berlin/New York 1987[2], s.v. Brot, Sp. 1590-1659, besonders Sp. 1623 f.

385) Vgl. J. Bodin, De daemonomania magorum, übers. von J. Fischart, Straßburg 1581, S. 81: "Seiteinmal das Saltz ein bedeutung der Ewigkeit und Unsterblichkeit ist: Auß ursach/ Weil es nimmermehr fault noch verdirbt/ auch allerley ding vor verderben und faeulung verwaret: [...] Daher auch im Gesatz Gottes gebotten worden/ Saltz auff den Tisch des Heiligthums/ und in gemein zu allen Opffern zubrauchen. Und es scheint es hab Plato/ als der diß Gebott von den Hebreern gelehrnet gehabt/ auß diesem grund gsagt/ daß Saltz seye Gott lieb und angenehm."

386) StAR (wie Anm. 11) II/I/V/9/39.

387) StAR (wie Anm. 11) II/I/V/11/6.

388) StAR (wie Anm. 11) II/I/V/8/12.

Schließlich ist noch der Segen[389] zu erwähnen, der nicht nur den Teufel fernhält, sondern auch Mensch und Tier vor den Werken der Hexen schützen kann. So erwähnt Anna Edelmännin, sie habe das Roß eines Bauern nicht krank hexen können, da es gesegnet gewesen sei.[390] Nothburga Burckhartin habe ein Mädchen aus dem gleichen Grunde nicht anblasen können.[391] Auch Michel Reitz erklärt, "er habe solchem Ochsen nichts tun können, seines erachtens werde gesegnet gewesen sein".[392]

II.11.7 Gehorsamsverweigerung und Haft

Weigert sich die "Hexe" den Befehlen des Teufels Folge zu leisten, wird sie übel traktiert und mit körperlicher Gewalt dazu gezwungen. Hans Engel bekennt, "Wann er mit dem Teufel uneins worden, hab er sich heßlich gestellt und man könndt Ihn nit grausamer malen".[393] Als Margaretha Stimlerin, zum Schadenzauber aufgefordert, antwortet:

> "Nun behüt mich Gott und das heilig Kreutz [habe er] sy geworffen mit vermelden, Er wöll Iren des Segens geben und den Papst vertreiben [...] Wann sy das nit tun wölle, werde er sie wohl lehren und sey müßte es tun oder er wöll sy also blau schlagen wie der Himmel sei".

Einer Aufforderung zum Hexentanz entgegnete sie, "Sie sey nit lustig. Er gesagt, wöll sy wol lustig machen, wann er sy mit fuessen dret, daß Ir die Kuttlen auffgangen".[394]

Theis Gruber muß sich selbst schädigen und zwei seiner Schafe krank hexen, nachdem er sich weigerte, andere Leute zu schädigen.[395] Catharina

---

389) Vgl. F. Orth, HDA VII, Berlin/New York 1987², s.v. Segen, Sp. 1582-1620.
390) StAR (wie Anm. 11) II/I/V/1/12b.
391) StAR (wie Anm. 11) II/I/V/8/92.
392) StAR (wie Anm. 11) II/I/V/8/17.
393) StAR (wie Anm. 11) II/I/V/9/15.
394) StAR (wie Anm. 11) II/I/V/8/7.

Weissin habe "der bös Geist 3 mahl zuegemutet Ihme Ihre Khünder zu schenken, weil sie aber solches niemalen thun wollen, habe er sie 3 mahl und die 2 mahl himmelblau geschlagen".[396]

Befindet sich die Hexe oder der Hexer endlich in Haft, wird sie oftmals selbst dann nicht vom Teufel in Ruhe gelassen. Er erscheint und versucht mit allen Mitteln zu verhindern, daß die Delinquenten durch Aussage, Geständnis und Beichte ihr Seelenheil finden. Von Jackle Ganter wird verlangt, daß er im Turm Selbstmord begehe.[397] Maria Hertin wird aufgefordert:

> "Es soll nur die Wahrheit nit sagen, er well ihm wohl wieder hinaus helfen und obwohl die Herren sagen, sie wollen ihm helfen, so könnten sie ihm doch nit helfen, aber er könde solches.[Er habe auch gesagt:] Man werde es am Sambstag verbrennen, es soll sehen wo es ein Messer oder etwas anders bekomme, damit soll es sich selbsten umbringen, Es aber gesagt, das wölle es nit tun, sondern eher sein Leben lang alda ligen."[398]

Zu Maria Reißerin kommt der Teufel in Gefangenschaft und befiehlt, sie "solle nichts bekhennen, sich nur lassen an die Waag schlagen, werde es Ihren nit wehe tun und wann sie etwas sage, so wölle er sie himmelblau schlagen".[399] Der böse Geist stellte Gall Erhart von Bösingen im Hochturm eine Hutschnur und ein Hölzlein zur Verfügung mit der Aufforderung, er möge sich damit erwürgen. Daraufhin wurde dieser auf den Niederturm verlegt. Der böse Geist forderte auch, "er soll sein Weib böser Ursachen entschuldigen, damit sie zu ihren Kindern komme".[400] Von Magdalena Fischerin verlangt der böse Geist, sie solle leugnen. Als sie dies verweigert, verschwin-

395) StAR (wie Anm. 11) II/I/V/8/56.
396) StAR (wie Anm. 11) II/I/V/8/95.
397) StAR (wie Anm. 11) II/I/V/8/46.
398) StAR (wie Anm. 11) II/I/V/8/52.
399) StAR Urgicht Maria Reißerin, 1626, o. Sign.
400) StAR (wie Anm. 11) II/I/V/16/10.

det er und hat "auch ein schandtlich wiesten Gestanckh hinder ime gelassen".[401]

Auch Conrad Haller erscheint der böse Geist noch im Gefängnis:

"Und als er in der gefengnus gelegen, der böse Geist ime erschienen und bevohlen, er solle nichts bekhennen noch ausssagen, er welle Ime wol darvon und widerumb hinweg helfen. er aber solches nit thun sonder sein wol unnd Seeligkeit betrachten wellen."[402]

Catharina Weissin erklärt,

"der bös Geist seye in grienen Klaidern zuo Ihro in Thurm ins Kämmerlin kommen und als sie gesagt, sie mechte auch wieder heim, darauf er gesagt, sie solle sagen, sie habe 3 Zedelin verborgen, eines beim Wasser, und die anderen zway im Heußlin, so werde man sie heimblassen, solle alsdann luogen, ob sie sich khönde ins Wasser sprengen und selbst vertränckhen".[403]

II.11.8 Schwarzkünstlerei

Zum Schluß dieses Kapitels sollen noch zwei weitere, wenngleich untypische Aussagen, näher betrachtet werden. Wenn auch eingedenk aller Umstände dieser Fälle konstatiert werden muß, daß hier nicht alle Charakteristika der Hexerei gegeben sind, und es sich hierbei mehr um Fälle von Schwarzkünstlerei handelt, so sind die Aussagen dennoch im Hinblick auf gängige Vorstellungen von dieser Disziplin sehr interessant.

Es handelt sich zunächst um den Fall des Hans Wilhelm von Schongau in Bayern.[404] Dieser gesteht 1629, in seiner Jugend mit Zigeunern in Bayern

401) StAR (wie Anm. 11) II/I/V/11/8.
402) StAR (wie Anm. 11) II/I/III/4/3.
403) StAR (wie Anm. 11) II/I/V/8/95.
404) Hier und zum Folgenden StAR (wie Anm. 11) II/I/V/8/80.

und Schwaben herumgezogen zu sein. Er habe auch "bey ihnen, den nachtschädigen und tauben leuten zu helfen, und dann die Roß Artzney, als für die Rehe, Schweine, ungenannten und dergleichen, auch anderem Vieh zu helfen, gelernet". In einem Wirtshaus trifft er seinen zukünftigen "Gespann" Hans Widmann. Dieser habe

> "zue Ihme gesagt, er habe ein Tier bey sich, Wilhelm möchte vielleicht darab erschrecken, seye ain lebendige weisse Schlang, die er Ihne dann sehen lassen, sagend, Ganfer und Kerngrieß seye Ir Nahrung, dessen sie täglich uff ain Loth ungefähr zur Nahrung haben miesse".

Daraufhin bietet er ihm die Schlange an, "er khönte etwas bey Ime gewinnen". Er bietet ihm an, mit ihm zu ziehen und sagt, "alle Geister miessen seiner weissen Schlang unterworffen sein. Er, sein Gespann, habe die weiße Schlange und den Gaist, Baal genannt, beisammen gehabt, die miessen alle Tag ein Lot Ganfer zu Speiß haben". Widmann habe darauf von ihm verlangt,

> "sich an Ihne in sein Gesellschaft zu ergeben, mit dieser Erklärung sagende, er Widmann, habe sich gegen den bösen Geist uff 17 Jahr ergeben, Wilhelm soll es uff 11 Jahren dergestalt auch annemen, miesse ihm in allem verholfen sein, uf welches sein Zusprechen er Ihme die Hand geben und dergestalt auf 11 Jahr lang eingewilliget.[405] Worüber sein Gespann weiter an Ihne gesetzt und begehrt, soll sich gegen Ihne und seinen Geist mit seinem Blut verschreiben, dessen er sich gewidert und gesagt, er wölle Leib und Seele nit verkrippen; auf daß sein Gespann sein (Hans Wilhelm) Namen in ain Schreibtäfelin geschrieben, und dann gegen den Abend Ime ferners angeredt und gesagt; er miesse Ime ain Blutstropfen nemen, inmaßen dann solches wirklich beschehen lassen, solches Blut in seinem Namen in das Schreibtäfelin gethan, sagend, es werde ainer zue Ime khummen, derselb werde auch etwas an Ihme Wilhelm begeren, sein Gespann ime dann die Hand gezogen und gesagt, sein Hans Wilhelm Geist, Nefaß genannt, seie Ihm ietzo uf 11 Jahr underwürffig gemacht, dergestalt, so er Ihme bis zu Ausgang der 11 Jahren oder noch

---

405) Die Verschreibung an den Teufel auf Zeit entspricht volksmagischen Vorstellungen. Vgl. Thompson, Motif-index, 1955-58[2], M 211.

vor seinem Absterben wieder diser Zeit khainen andern an die Stat stelle, miesse er Ihm ein Glied von seinem Leib geben".

In der Folgezeit heben beide mehrere Schätze, graben ermordete, ungetaufte Kinder aus und beerdigen sie wieder auf dem Kirchhof. Dann

"habe ihm sein Gespann einen Ring mit unbekannten Characteren und Buchstaben zugestellt und geben, sagend, wann er denselben bey Ihme habe, so möge Ihme niemand böser zukhummen. Item dadurch könne er sehen, wann man falsch handle, id est: könne er dardurch sehen, welches Zauberer und Hexenleut seyen".

Des weiteren habe er ihm folgende „stueckh" versprochen:

„1. Wann einer taub seye, soll man Ime ein Trunck machen mit 1 gr. Ganfer, 1 gr. Asanekh, dreierley Mischle, als heßle Felber, Elzbaum und drei Finfzinkhete Rauten, Gotsgnad.[406] Und ain Zedel mit 25 Buchstaben, daß miesse man einem Menschen oder einem wietenden Hund zu essen geben; darum werde ime geholfen.
2. Wolle er Ihme weisen, wo er Schätze graben soll.
3. den fallenden Siechtag zu heilen."

Weiterhin bekennt er,

"daß er albereit, und noch vor Verfließung seiner 11 Jahren, so ietzo auf Liechtmeß ausgangen, seinen Geist einem anderen namens Theiß Riedt von Griffen und Meerburg am Rhein in sein stat gestellt, dem gebe sein gespann 30 und er 10 Florin zu Lohn. Meldet darneben, sein Gespann werde uff ietzgemelte Zeit auch ledig, habe auch einen anderen in sein stat gestellt".

---

406) Zur Pflanze als Zaubermittel vgl. D. Ernst, Hexen- und Zauberkräuter, in: H. Valentinitsch (Hg.), Hexen und Zauberer. Katalog der Steirischen Landesausstellung 1987, Graz/Wien 1987, S. 95-102 sowie H. Marzell, Zauberpflanzen, Hexentränke, Brauchtum und Aberglaube, Stuttgart 1963. Auch H.A. Hansen, Der Hexengarten. Die Zauberkräuter des Mittelalters und ihre Wirkung, München 1987 und M. Kronfeld, Donnerwurz und Mäuseaugen. Zauberpflanzen und Amulette in der Volksmedizin, Berlin 1898, ND Berlin 1981.

Diesem Bekenntnis vergleichbar ist dasjenige des Schwarzkünstlers, "Auswerfers" und "H.S.O. Heilers" Georg Sautter von Oberzell aus dem Jahr 1661.[407] Dieser gesteht, sich dem Teufel auf sieben Jahre ergeben zu haben, mit der Auflage, daß er im Falle seines Todes vor Ablauf der Frist "Leib und Seel" an den Teufel verliert.

Wie er dazu gekommen sei, schildert er so: Als Junge habe er bei einem Knecht gearbeitet. Dieser habe sie - insgesamt sieben Buben - an einem Freitag[408] auf einen Kreuzweg[409] geführt, als es eben um Mitternacht[410] gewesen, und

> "9 weiße Tüchlin auf die Erden gelegt, um welche Tüchlein sie 7 in einem vorgedachten Knecht gemachten Ring gestanden und kein Wort reden dürfen; unterdessen sei der böse Geist unsichtbar um den Ring gelaufen, so ungefähr eine Stund gewehrt, und sei ein solche ungestümer Wind gangen, daß man vermeint, es werde alles zugrund gehen. Nach ausgelaufener Stund habe ihrer jeder unter den 6 Buben 1, der alte Knecht aber die übrigen drei Tüchlein aufgehebt; er, Georg, habs zum spielen, andere zu anderen Sachen geholet".

Nach sieben Jahren, so gesteht er weiter, mußten alle sieben Buben auf eine Tanne steigen. Dabei sei einer zu Tode gestürzt. Auch hätten sie während dieser Zeit nicht den Kirchgang versäumen dürfen, ohne dem Teufel für

---

407) Hier und zum Folgenden StAR (wie Anm. 11) II/I/V/3.

408) Vgl. G. Jungbauer, HDA III, Berlin/New York 1987², s.v. Freitag Sp. 45-73: "Kein Tag der Woche weist eine solche Fülle Aberglaubens auf wie der Freitag, was sich daraus erklärt, daß zu bereits vorhandenem heidnischen Glauben gerade für diesen Tag vom Christentum mit der Ansetzung des Kreuzestodes Christi, durch den die Menschheit erlöst wurde, eine Grundlage geliefert wurde, auf der der vielseitigste Aberglaube aufwachsen konnte."

409) Unter den Orten, an denen nach dem Volksglauben das Übernatürliche am mächtigsten wirkt, und die daher zu allerhand schützendem oder aber bösem Zauber geeignet sind, stehen die Kreuzwege in besonderem Ansehen. Vgl. A. Klein, HDA V, Berlin/New York 1987², s.v. Kreuzweg Sp. 516-529. Das komplizierte Ritual um Mitternacht entspricht alten volksmagischen Vorstellungen. Vgl. Thompson, Motif-index, 1955-58², D 138.1.2.

410) Über die Mitternacht als für Hexen- und Zauberwerk besonders günstige Zeit vgl. G. Jungbauer, HDA VI, Berlin/New York 1987², s.v. Mitternacht Sp. 418-439.

immer zu verfallen. Dabei hätte dieser stets durch allerlei Betrügereien versucht, sie daran zu hindern.

Nach sieben Jahren hätten dann die verbliebenen sechs Jungen den mit Blut unterschriebenen Pakt vom bösen Geist zurückbekommen. Im Bekenntnis erläutert er folgende Praktiken des Gegenzaubers:
1. Gegenzauber für ein nachtschädiges Pferd: Man nehme ein Ei, binde einen Faden darum und lege es in des bösen Geists Namen auf heiße Kohlen bis es warm geworden ist. Danach binde man den Faden dem Roß in den drei höchsten Namen in den Schweif.
2. Den Teufel beschwört man durch dreimaliges Anrufen.
3. Habe jemand etwas verloren und seien noch keine 24 Stunden überstanden, rufe man den bösen Geist dreimal beim Namen und nenne auch die Person, die etwas verloren hat, beim Namen. Daraufhin muß der böse Geist das verlorene Gut wieder zurückbringen.

Demgegenüber erwähnt Hans Winckhler bei gleichem Anliegen folgendes Vorgehen: Man

> "soll ein Glas Wasser nehmen und 3 mal ins Teufels Namen darin blasen, alsdann hinder die Tür stellen und so lang davon gehen als einer zwei Eier aufschlüge, alsdann soll ers herfür nemen, und dardurch schauen, so werde er denjenigen sehen, der das verlorene Ding habe, wann mans aber selbsten habe, werde man ihn nit gleich sehen".[411]

Eine wassersüchtige Frau aus Billingen habe er geheilt, indem er ihr mit einem Hölzchen, über das er ein "zarts Tüchlin" gebunden, "weiters nit als eines Fingers lang in den Leib gegriffen und ihr ein Äderlein öffnen wollen, welches da ers angetroffen, Ihr die Geschwulst genommen hätte".

---

411) StAR (wie Anm. 11) II/I/V/8/96.

Seltener sind in den Urgichten oder in anderen Quellen Arten von passiver Magie erwähnt, das heißt der Gebrauch zauberischer Mittel, um drohende Schädigung durch die Zauberei anderer abzuwenden (im Umfeld des Abwehrzaubers sind etwa Salz und Brot, Segnungen, Nennung des Namens Gottes etc., die in den Urgichten angesprochen werden, anzusiedeln). Dies darf aber dennoch als allgemeine Praxis in der Frühen Neuzeit vorausgesetzt werden.[412]

In den Exzerpten der letzten Urgichten werden Praktiken des Gegenzaubers geschildert, das heißt Versuche, vermeintlich durch Zauberei eingetretene Schädigungen mit Hilfe magischer Praktiken zu beseitigen. Dazu gehört zum Beispiel der Erkennungszauber, mit dem man den Schädiger ausfindig machen kann. Der Ring ist in oben zitierter Urgicht ein sicheres Instrument hierzu. Auch hier ist die Grundlage der Glaube, ein angezauberter Schaden könne am besten durch den Schädiger beseitigt werden; die Ausfindigmachung des Schädigers ist somit der erste Schritt zur Rückgängigmachung des Schadens, da bei bekanntem Täter Druck auf denselben ausgeübt werden kann.[413]

Wie erwähnt, sind diese tödlich verlaufenden Prozesse wegen Schwarzkünstlerei die absolute Ausnahme. Heiler und "Auswerfer" beiderlei Geschlechts gehörten ansonsten nicht zu den Opfern der Vefolgungen.[414] Anders sind hingegen die Verhältnisse im benachbarten Württemberg, wo

---

412) Vgl. hierzu E. Labouvie, Hexenspuk und Hexenabwehr. Volksmagie und volkstümlicher Hexenglaube, in: R. van Dülmen (Hg.), Hexenwelten. Magie und Imagination vom 16. bis 20. Jahrhundert, Frankfurt a.M. 1987, S. 49-93 und E. Labouvie, Verbotene Künste. Volksmagie und ländlicher Aberglaube in den Dorfgemeinden des Saarraumes (16.-19. Jahrhundert), St. Ingbert 1992.

413) Vgl. Jerouschek, Die Hexen und ihr Prozeß, Esslingen 1992, S. 280.

414) Die These Muchembleds, daß etwa die Praktiken der "weisen Frau" seit der Gegenreformation von der Oberschicht nicht mehr toleriert wurden, und die Hexenverfolgungen quasi als Instrument der letzteren zur Beseitigung ersterer eingesetzt wurden, kann für den Raum Rottweils jedenfalls nicht bestätigt werden. Vgl. R. Muchembled, Culture populaire et culture des élites dans la France moderne, XVe-XVIIIe siècles, Paris 1978, S. 107.

etwa 15 Prozent der Opfer Männer waren und diese meist als Hirten lebten und mit Segenssprecherei und Kräuterarzneien umgingen.[415]

II.12 Im Umfeld der Hexenprozesse: Mißernten, Armut, Hunger und Seuchen

Ebenso wie viele andere Städte Südwestdeutschlands wurde auch Rottweil seit dem Schwarzen Tod, der verheerenden Pestpandemie Mitte des 14. Jahrhunderts, immer wieder von kleineren Epidemien[416] mit hoher Morbidität und Mortalität heimgesucht.[417]

Eng damit verbunden sind die Mißernten und Hungersnöte, die den Seuchen meist vorangingen. So ging zum Beispiel im Spätsommer 1562 ein Unwetter über Schwaben nieder. Dunkle Gewitterwolken zogen auf "als ob es würcklich Nacht wäre", durch Blitzschlag und Hagel "wurden die Weinberge und Reben erschröcklich zerschlagen und verwüstet. Es war fast anzusehen wie ein Niederlag, da viel tausend Soldaten in der Schlacht umkommen".[418] Nach den Angaben der Villinger Chronik starben ein halbes Jahr später in Rottweil acht Frauen als Hexen auf dem Scheiterhaufen.[419] Im übrigen sind der Wetterzauber und die daraus resultierenden Flurschäden ein so dominanter Bestandteil der Geständnisse, daß Behringers These vom Ansteigen der Verdachtsintensität und der Verfolgungswellen durch ökonomische

---

415) Raith, Herzogtum Württemberg, in: Lorenz (Hg.), Hexen, 1994, Aufsatzband S. 197-205, hier S. 205.

416) Vgl. hierzu im allgemeinen K.O. Müller, Zur Geschichte der Seuchen in Altwürttemberg, in: Zeitschrift für württembergische Landesgeschichte 4 (1940) S. 83-86.

417) Mehl, Aussatz, 1993, S. 175. Vgl. ebenso die Angaben für Villingen bei Keyser, Städtebuch, 1959, S. 399. Er erwähnt für die badischen und württembergischen Städte die Seuchenjahre 1348/49, 1357-60, 1388-99, 1483, 1495, 1500-03, 1518, 1529-30, 1541, 1584, 1592, 1609-11, 1628, 1633-36.

418) Crusius, Schwäbische Chronik, übers. von J.J. Moser, Frankfurt/Leipzig 1738, II S. 304.

419) Villinger Chronik, in: Mone (Hg.), Quellensammlung, 1854, II S. 80-118, hier S. 116.

Krisen und Hungersnöte für die Reichsstadt Rottweil durchaus gestützt werden kann.[420]

Da Rottweil über kein spezielles Pesthaus verfügte und der Stadt an der Isolierung infizierter und erkrankter Personen gelegen war, wurde spätestens seit dem 16. Jahrhundert bei solchen "sterbensleuff" auf "Allerheiligen" als Seuchenhaus zurückgegriffen.[421] Zur Vermeidung derartiger Epidemien gab es allgemeine Hygienevorschriften, und darüber hinaus war die Überwachung des Lebensmittelgewerbes durch Ratsmitglieder und städtische Beamte im Stadtrecht verankert. Vor der Viehschlachtung in der Metzig und beim Verkauf von Fleisch und Fisch sollten die Beschauer auf "bös Fleisch" und kranke Tiere achten.[422] Durch Rindertuberkulose verseuchtes Fleisch sollte vorher geräuchert werden.

Welchen Stellenwert die Armen und Almosenempfänger im sozialen Gefüge der Reichsstadt hatten, geht aus der Praxis hervor, "Kreisch, lungen" und andere Innereien des "lungensichtig vich" an die Armen zu verschenken.[423] Diese Praxis wird auch in der bereits zuvor zitierten Urgicht des Caspar Lenglin von Rottweil erwähnt, der vom Teufel sei "angewiesen worden, Herr Lionhardt Khuns Hausfraw (um deßwillen sie den Leuten bös wort und fleisch gebe) in seinem Namen" zu schlagen.[424]

Wie bereits zuvor angesprochen, hatten die Torhüter und Bettelvögte eine besondere Bedeutung und dies vor allem bei drohender Seuchengefahr. Da man fürchtete, daß hauptsächlich Bettler und arme Leute die "erblichen suchten" in die Stadt einschleppten, wurden verdächtige Personen beim Rat angezeigt und durch die Stadtknechte aus der Stadt geführt bzw. ihnen der

---

420) Behringer, Hexenverfolgung, 1987, S. 98.

421) Vgl. RPR v. 08.12.1592; RPR v. 12.08.1593; RPR v. 03.11.1609.

422) Vgl. hier und zum Folgenden Mehl, Aussatz, 1993, S. 176 ff.

423) Vgl. RPR v. 15.03.1612. Georg Wolf zahlte 1647 eine Geldstrafe, weil er das Fleisch seiner nachts heimlich geschlachteten "lungensichtigen Khuo zu der Soldaten ärgernus" an die Besatzungstruppen in der Stadt verkauft hatte. RPR v. 17.09.1647.

Eintritt in dieselbe verwehrt. Dies betraf Reisende ebenso wie den Güterverkehr aus den Gebieten "alwo nit gueter lufft" war.[425]

Bei drohender Epidemie sollte die Stadt durch erhöhte Besoldung der Torwächter und Vereidigung von Hilfstorwächtern geschützt werden. Dies ist für die Seuchenjahre 1611 und 1629 nachzuweisen.[426] Auch Zunftmitgliedern war es untersagt, in Seuchenzeiten die betroffenen Ortschaften zu besuchen[427], und öffentliche Veranstaltungen wurden ebenso abgesagt. Daß armes, bettelndes und umherziehendes Volk schon allein in Verbindung mit den Epidemien als wahre Landplage empfunden wurde, liegt auf der Hand. In seuchenfreien Zeiten waren sie daher zumindest suspekt, wurden aber von caritativen Institutionen und Einzelpersonen stets auch durch Almosen unterstützt.[428]

Es sollte danach gefragt werden, ob und inwieweit die einzelnen Seuchen und Epidemien mit den Hexenverfolgungen in Verbindung gebracht werden können, und ob und inwieweit diese als Ausschreitungen, als Ventil gesellschaftlicher Spannungen zur Reduktion der allgemeinen Angst interpretiert werden können.

Vergleicht man die Perioden der Verfolgung mit denjenigen der Seuchen, so müssen aufgrund der Quellenlage die Jahre zwischen 1560 und 1660 herangezogen werden. Die Pest tritt 1584 und 1592 in Rottweil auf.[429] In diesen Jahren werden vier bzw. elf Personen wegen Hexerei hingerichtet. In den

---

424) StAR (wie Anm. 11) II/I/III/4/15.

425) RPR v. 20.11.1649; RPR v. 04.10.1584; RPR v. 11.01.1624.

426) RPR v. 31.01.1611; RPR v. 11.01.1629; die vier Hilfswächter waren namentlich Lenz Schwaibel, Hans Jacob Fridanck, Tobias Rebmann und Sebastian Spiler.

427) RPR v. 20.10.1609.

428) RPR v. 18.12.1657. RVM: Rochusspende für die Armen durch Johann Dreher. Rochus ist der Pest- und Seuchenheilige! Vgl. V. Schauber/H.M. Schindler, Die Heiligen und Jahrespatrone im Jahreslauf, München 1985, S. 430f.

429) Ohngemach, Entwicklung des Rottweiler Spitals 1580-1640, Zulassungsarbeit, 1985, S. 36.

Jahren der Epidemie zwischen 1609/11[430] sterben neun Menschen auf dem Scheiterhaufen. Verschärft werden die Kriegsjahre durch das Unwetterjahr 1627 mit seiner verheerenden Mißernte, gefolgt von der Pest, was eine wirtschaftliche Krise auslöste.[431] Die wegen der langandauernden Truppenquartierungen nach 1628 verschlechterten hygienischen Verhältnisse lassen permanente Seuchengefahr entstehen. Die Stadt hatte seit 1628 unter Pest, Hunger und Krieg in einem Ausmaß zu leiden, wie das für nur wenige andere deutsche Städte gelten mag.[432] So sterben in den beiden Jahren 1628/29 121 Menschen an der Seuche.[433] Das Jahr 1629 bringt dann auch den absoluten Höhepunkt der Rottweiler Hexenprozesse mit 20 Hinrichtungen. Für die Jahre der großen Seuche zwischen 1632-36, in der zwei Drittel der Bevölkerung verstarben, sind allerdings keine Hexenprozesse nachweisbar, was allerdings durch die extreme politische Situation Rottweils, bedingt durch den Dreißigjährigen Krieg, erklärt werden könnte.

Mit Ausnahme dieser letzten großen Seuche wurden in Jahren der Epidemien also überdurchschnittlich viele Hexen verbrannt, die ja auch stets bekannten, das "Serben und Sterben" von Menschen verursacht zu haben.[434]

430) S. Bürster, Beschreibung des Schwedischen Krieges 1630-1647, Leipzig 1875, S. 9 f.

431) RPR v. 11.01.1629 zur Pest; Geiselhart, Rottweil im 30jährigen Krieg, 1899, S. 22; Hecht, Eidgenossen, 1979[3], S. 117.

432) Vgl. hierzu den Aufsatz von Geiselhart, Rottweil im 30jährigen Krieg, 1899.

433) Mehl, Aussatz, 1993, S. 178.

434) Es ist generell festzustellen, daß alle Tode ohne eindeutige Klärung der Ursache in Richtung des Schadenzaubers gedeutet wurden. In seiner Zeugenaussage gegen Catharina Weissin erklärt Hans Stiemppen "daß vor ungefahr 7 oder 8 Jahren ain Magd bei dem andern Miller gedienet, so ein starckh Mensch gewesen, welche uff ein Zeit gälingen kranckh worden, gar nit lang gelegen, und gestorben, darab sich Jedermann verwundert, das ein so starckh Mensch so baldt gestorben [..]" StAR (wie Anm. 11) II/I/V/8/95.

II.13 Der Einfluss der Kirche: Dominikaner, Ortsgeistliche, Kapuziner und Jesuiten

Wegbegleitend für die Hexenverfolgungen gab es schon vor der Bulle "Summis desiderantes affectibus" von Papst Innozenz VIII. und dem damit einhergehenden 1487 erschienenen "Hexenhammer"[435] (Malleus Maleficarum) des Dominikaners Heinrich Institoris ein Werk des Dominikaners Johannes Nider.[436] Es handelt sich hierbei um das "Ameisenbuch", den "Formicarius" von 1435/37.[437] Es waren drei Titel dieses Autors in der Bibliothek der Dominikaner in Rottweil vertreten.[438] Der "Formicarius" fehlt allerdings unter ihnen. Auch der oben genannte Hexenhammer ist nicht nachzuweisen. Trotzdem muß auf die Bedeutung der Dominikaner im katholischen Rottweil und deren Verbindung mit vielen Juristen des Hofgerichtes daselbst hingewiesen werden. Auch kann davon ausgegangen werden, daß Sprenger, Institoris und Nider sowie deren Gedankengut in Rottweil bekannt waren. Dennoch weist nichts auch nur mittelbar darauf hin, daß die Dominikaner in Rottweil in irgend einer Weise als treibende Kraft hinter den Prozessen standen. Über den Grad ihrer Involvierung in die Prozesse, etwa als Seelsorger, die die Malefikanten zu wahrheitsgetreuen Aussagen ermahnen sollten, geben die Quellen keine Auskunft.

Anders hingegen die Ortsgeistlichen, die immer wieder zur Ermahnung und Seelsorge bei Prozessen herangezogen werden oder die den Male-

---

435) Sprenger/Institoris, Hexenhammer, hg. von J.W.R. Schmidt, München 1993³. Zum Hexenhammer vgl. P. Segl (Hg.), Der Hexenhammer. Entstehung und Umfeld des Malleus Maleficarum von 1487, Köln 1988. Des weiteren H.-G. Nesner, "Hexenbulle" (1484) und "Hexenhammer" (1487), in: G. Schwaiger (Hg.), Teufelsglaube und Hexenprozesse, München 1991³, S. 85-102.

436) J. Nider (ca. 1380-1438) stammte aus Isny, wurde Prior der Predigerkonvente Nürnberg und Basel und Generalvikar der oberdeutschen Observanten. Vgl. W. Behringer, Zur Geschichte der Hexenforschung, in: Lorenz (Hg.), Hexen, 1994, Aufsatzband S. 93-146, hier S. 93.

437) J. Nider, Formicarius, Paris 1519. Weiteres bei H. Tüchle, Kirchengeschichte Schwabens, Stuttgart 1954, II S. 215 ff. und S. 305.

438) W. Hecht, Das Dominikanerkloster Rottweil (1266-1802), Rottweil 1991, S. 50f.

fikanten bei der Abfassung ihres Testamentes beistehen.[439] In der Funktion der Ermahnung und Seelsorge ist etwa Herr Mathie Molitoris, "Prediger in unser lieben Frawen Capellen", erwähnt[440], und auch die Stadtrechnungsbücher belegen ein Hinzuziehen der Priester zu diesem Zweck.[441] Die Ortsgeistlichen waren es aber auch, auf deren Fürsprache Delinquenten oftmals begnadigt wurden, wie etwa im Falle des Georg Sautter, der noch dazu evangelischer Religion war.[442]

Wie die Ortsgeistlichen die Erfahrungen von Unglück aller Art, wie Mißernten, Hunger, Krieg und Pest, interpretierten und damit auch die reichsstädtische Gesellschaft disziplinierten, wird durch die Fürbittgebete der Zeit deutlich. So endete im Jahre 1588 jeder Gottesdienst der Pfarrei Heilig Kreuz mit einem solchen Fürbittgebet, wobei der 1606 verstorbene Pfarrer und Magister Johann Uhl[443] der Gemeinde sein Verständnis von der Stadt als politische, religiöse und soziale Gemeinschaft predigte.[444] Danach hatte sich die Stadt den Normen Gottes zu unterstellen. In den Fürbittgebeten vertrauten die Gläubigen nicht nur den Heiligen, auch die verstorbenen Vorfahren wurden um Unterstützung angerufen. Jede Katastrophe, jedes Unglück, jede Krankheit und Mißernte wurde von Uhl als Zeichen des Zornes Gottes über die Sünden der Stadt Rottweil gedeutet. Deshalb mußte sich die Stadt immer wieder im Fürbittgebet um Gnade und Segen Gottes bemühen, aber auch durch gottgefälliges Leben die guten Vorsätze stets bestätigen.[445] In diese

---

439) So macht etwa die 1583 hingerichtete Cordula Müller ihr Testament bei Berthold Ega, Pfarrer in der Frauenkapelle, RPR v. 02.10.1583.

440) RPR v. 03.09.1643.

441) Stadtrechnungsbuch 1629, o.S.: "Zunftmeister Christo Sichlern zu wenig bezahlt so die Priester wegen etlicher hingerichteter Personen für ein bewilligten Trunck brothen 7ß 4k 6h."

442) StAR (wie Anm. 11) II/I/V/3.

443) Vgl. hierzu A. Dehn, Stadtpfarrer Uhl von Rottweil, in: RwHbl. 1. Jg. (1921) Nr. 12, S. 1-4.

444) Hier und zum Folgenden, auch zitiert nach W. Zimmermann, Kirche, Obrigkeit und Bevölkerung in der frühen Neuzeit. Rottweil vor Gott. Das Bild der Stadt im großen Fürbittgebet von 1588, in: H. Maulhardt (Hg.), Pfarrei Heilig Kreuz Rottweil. Aspekte und Stationen ihrer Geschichte, Rottenburg 1991, S. 18-19.

445) Auf diese Haltung verweist auch die Inschrift am Spitalerker von 1577:

Richtung interpretierte er auch das große Unwetter von 1579, das mit Hagel und starkem Regen einen Großteil der Ernte vernichtete. So wie ein Mensch zunächst seine Krankheit erkennen müsse, um von ihr geheilt zu werden, müsse jeder Christ durch Gottes Strafe erkennen, "wie es in der Welt von wegen unserer schweren Sünden so sorgklich stande". Die Konsequenz müsse daher Umkehr und Buße und gottesfürchtiges Leben sein. Letzteres bestünde vornehmlich in der Pflichterfüllung. Diese Pflichten waren je nach gesellschaftlicher Schicht verschieden. Klerus, Obrigkeit und Untertanen waren die Schichten, in die Uhl Rottweils Gesellschaft einteilte. Dabei war es Aufgabe der Geistlichen, neben der Heilsverkündung und der Spende der Sakramente durch vorbildlichen Lebenswandel erzieherische Funktion auszuüben. Die Seelsorge sollte besonders Armen, Kranken, Schwangeren und Gefangenen gewidmet sein. Die Obrigkeit hatte gemäß ihren Grundsätzen - Friede, Einigkeit und gemeiner Nutzen - als Wahrer der göttlichen Ordnung durch Gesetz und Recht zu agieren. Dieser gottgefälligen Gesetzgebung und Rechtsprechung gegenüber hatten die Untertanen eine Gehorsamspflicht.

In seinen Predigten verwies Uhl also eindeutig auf eigenes Fehlverhalten als Ursache jeden Unglücks. Einen Zusammenhang zwischen Hexenwerk und Unglücksfällen jeder Art stellt er damit nicht her. Uhl wendet hier zwar auch ein Sündenbockschema an, doch bezieht es sich auf das eigene Fehlverhalten respektive auf das der sündhaft lebenden Rottweiler. Die Untertanen hingegen machten für jegliches Unglück die Hexen und ihr Werk verantwortlich. Wirkten die Predigten Uhls zwar den Schuldabwälzungen der Rottweiler entgegen, so kann nicht ausgeschlossen werden, daß dieser moralische Druck gerade das Gegenteil bewirkte und die Untertanen übereifrig in ihrem gottgefälligen Lebenswandel werden ließ, was zur Verstärkung des Feindbildes "Hexe" als der Personifikation einer antichristlichen Welt geführt haben mag.

"Trink und iß,/ Gott nit vergiß./ Bewahr Dein Ehr./ Dir wird nit mehr/ von deiner Hab/ als nur ein Tuch ins Grab." W. Hecht, Aus der Geschichte des Rottweiler Spitals,

Im Zusammenhang mit den Hexenprozessen treten die ortsansässigen Kapuziner nur einmal auf. Michael Gaisser, Abt der Benediktinerabtei St. Georgen zu Villingen, erwähnt in seinem Tagebuch einen Pater Januarius, der zur Tröstung einiger "Hexen" von Triberg angefordert wurde.[446]

Erst im Jahre 1652 lassen sich die Jesuiten in Rottweil nieder. Zu diesem Zeitpunkt ist die Hexenverfolgung aber, von einigen wenigen Ausnahmen abgesehen, weitestgehend beendet.[447] Ihr Einfluß auf deren Verlauf dürfte daher ebenfalls gering gewesen sein, auch wenn sie bereits in den Jahrzehnten vor ihrer eigentlichen Niederlassung in Rottweil als Prediger in Erscheinung traten.

II.14 Das Ende der Hexenprozesse

Nach 1631 nehmen die Hexenprozesse in Rottweil rapide ab. Dies mag wohl auch mit den Kriegseinwirkungen und der drastischen Verringerung der Bevölkerung zu tun haben. Die demographische Entwicklung, das heißt der enorme Einbruch der Bevölkerung durch Kriege, Hungersnöte und Seuchen, dürfte die Ursache hierfür sein.[448]

---

in: Stadt Rottweil (Hg.), Spital. Das Alten- und Pflegeheim der Stadt Rottweil, Rottweil 1992, S. 5.

446) Tagebuch des Abt Michael Gaisser der Benediktinerabtei St. Georgen zu Villingen, hg. vom Stadtarchiv Villingen, (masch.-schr.) Villingen 1978, II S. 698: "1638. Es geht hier nach Triberg durch der Rottweiler Quardian P. Januar., der zur Tröstung einiger von Hexerei angesteckten Personen dorthin gerufen wurde."

447) Zur Stellung der Jesuiten in Hexenprozessen im allgemeinen vgl. B. Duhr, Die Stellung der Jesuiten in den deutschen Hexenprozessen, Köln 1900. Des weiteren W. Behringer, "Vom Unkraut unter dem Weizen". Die Stellung der Kirchen zum Hexenproblem, in: van Dülmen (Hg.), Hexenwelten, 1987, S. 29-30. Weiterhin G. Heiss, Konfessionelle Propaganda und kirchliche Magie. Berichte der Jesuiten über den Teufel aus der Zeit der Gegenreformation in den mitteleuropäischen Ländern der Habsburger, in: Römische Historische Mitteilungen 32/33 (1990/91) S. 103-152.

448) Auf das katastrophale Ausmaß der Verwüstungen im Rottweiler Raum, die das öffentliche Leben nahezu völlig lahmlegen, kann hier leider nicht näher eingegangen werden. Vgl. hierzu Geiselhart, Rottweil im 30jährigen Krieg, 1898.

Konnte zuvor ein Zusammenhang zwischen Hungersnöten, Epidemien und Hexenprozessen nachgewiesen werden, so nehmen Krieg, Mißernten und Seuchen in den Jahren nach 1631 ein solches Ausmaß an, daß die Durchführung von Hexenprozessen wenn nicht unmöglich, so doch in hohem Maße erschwert wird.

Nach der ersten Württembergischen Belagerung im Jahre 1633 wurde Rottweil von mehreren Seuchenzügen heimgesucht. Bis Ende 1635 starben insgesamt 675 Bürger.[449] Die höchste Mortalität bestand im Mai 1633, von November 1633 bis April 1634 und im Oktober 1635.[450] In den Ratsprotokollen findet sich im März 1634 nach 303 Toten der Eintrag, daß bereits die "halbe bürgerschaft seeliglich abgestorben" sei.[451] Es sollten zudem bis Dezember 1635 noch weitere 375 Seuchenopfer folgen.[452]

Der Magistrat der Reichsstadt mußte nun aufgrund der immensen Bevölkerungsverluste seine Politik ändern. Dies schlug sich nieder im Bestreben, die Stadt und ihr Territorium 'wiederzubesiedeln'. Fremde wurden nun großzügig ins Bürgerrecht aufgenommen, "Unbürger" waren willkommen. Die Besorgnis des Magistrats um die Zukunft der Reichsstadt gipfelt in der Anordnung, den eigenen Untertanen den Austritt aus dem reichsstädtischen Gebiet zu verwehren. So heißt es im Ratsprotokoll:

> "Ein E. Rhat hat heut data decretiert undt den Herren Ober- und Bürsch-vögten hiemit außtruckenlich und mit ernst befohlen, das sie ohne verwilligung E. E. Rhats keinen underthanen mehr aus ihren anbefohlenen Ambtsflecken anderstwohin

449) Vgl. hier und zum Folgenden Knubben, Lebensverhältnisse, 1983, S. 180.

450) Die Jahressterblichkeit betrug laut Sterberegister der Heilig-Kreuz Pfarrei soweit ermittelbar 1633: 197 Tote; 1634: 210; 1635: 268. Dagegen in den Jahren 1626: 43 Tote; 1627: 30; 1628: 63; 1629: 58; 1630: 39; 1631: 42; 1636: 31; 1640: 8; 1641: 25; 1642: 18; 1643: 12. Vgl. Mehl, Aussatz, 1993, S. 56.

451) RPR v. 10.03.1634.

452) RPR v. 11.09.1635. Zum Bevölkerungsrückgang bis 1666 vgl. Geiselhart, Rottweil im 30jährigen Krieg, 1899, S. 74 und A. Steinhauser, Officina Historiae Rotwilensis oder Werkstätte der Rottweilischen Geschichte, Rottweil 1950, S. 22.

wegziehen, verheyraten und in andere frembde Herrschaften sich begeben lassen [...] sollen."[453]

Soziale Spannungen durch soziales Gefälle und 'Überbevölkerung' waren vorübergehend entschärft. Von 1648 bis 1700 wurden 146 Aufnahmen ins volle Bürgerrecht registriert. Hinzu kamen zahlreiche Unbürger.

Nach 1631 findet dann auch der nächste Prozeß erst 1643 gegen Ursula, genannt das "Hausemer Weible" statt, die "über ausgestandene tortur auch auf starckes zusprechen gaistlicher und erinnerung Herren Mathie Molitoris Predigers in unser lieben Frawen Capellen dennoch nichts bekhennen wollen"[454]. Sie wird aus der Haft entlassen, muß Urphede schwören und wird des Landes verwiesen.

1648 erfolgt noch einmal ein Prozeß mit tödlichem Verlauf. Katharina Weissin wird der Hexerei für schuldig befunden und hingerichtet.[455] Gleichzeitig wird aber Maria Bartin aus Epfendorf entlassen mit der Auflage, sich künftig "gebürlich und unargwöhnisch"[456] zu verhalten.

Elf Jahre später, 1659, erfolgt der letzte tödlich verlaufende Prozeß. Das Delikt der Magie ist im Falle Hans Winckhler bereits untergeordnet; Diebstahl und Sodomie stehen hier an vorrangiger Stelle.

---

453) RPR v. 06.02.1648.

454) RPR v. 03.09.1643.

455) Dabei besagt sie folgende Personen, die entweder bereits hingerichtet wurden oder denen nach der Quellenlage kein Prozeß mehr gemacht worden ist: "Jörgen des Burgvogts Weib/ des Schwartzen Weiblin, die alt von Hardthausen/ die Schwiegermutter des Schmiedes Christa von Böringen/ aine von Altoberndorf/ des Wolfen Casperlins Weib, deßgleichen ihr Mann/ Hans Stiemppen Weib/ Theisle von Altoberndorf/ ein Schneider von Bochingen/ Anna Geigerin von Hochmössingen/ Annele, die Frau des Jacob von des Wolffen Martin Geschlecht aus Altoberndorf/ Catharina Scheiblin von Altoberndorf/ Ursula, des Burvogts Weib, so darvor den Martin Aichelmann gehabt/ Thoma zue Hardthausen/ des Siebmachers Weib von Altoberndorf und ihr Mann/ Michel Schwartz zu Merßthal/ des Hauchen Martins Weib Payer Anna, und des Hans Meyers Weib, Maeckhle genannt, beede zue Irslingen."

456) RPR v. 22.10.1648.

1661 wurde Georg Sautter, evangelischer Religion und aus Oberzell stammend, wegen Zauberei zum Tode verurteilt, durfte aber "aus fürbit der gaistlichen über den Rhein schwören", das heißt er wurde auf Lebenszeit in linksrheinisches Gebiet verbannt.[457] Spätestens seit diesem Zeitpunkt ist der Landesverweis als Hauptstrafe gegen auffällige Individuen üblich. So auch im Falle der Kunigunde Bantlin, der Ehefrau des Michel Lasen von Epfendorf, die 1676 eingetürmt wurde, weil sie sich der Hexerei verdächtig gemacht hatte. Die Rechtsgelehrten wurden zu einem Gutachten herangezogen, worauf der Rat beschloß,

> "sie Kunigunda über bereits lange Zeit ausgestandene gefangenschaft des Thurms für dismahlen zu entlassen, doch mit dem anhang, das sie sowohl für die angegriffene Magt Arztlohn, als auch die Inquisitions- und atzungskosten, fürgewendten einreden unverhendert, abzurichten und zu bezalen schuldig sein, auch fürohin sich besser in obacht nemen solle".

Kunigunde Bantlin war mit diesem Entscheid jedoch nicht einverstanden. Sie gab dem Stadtknecht, der den Entscheid des Rates überbrachte zur Antwort,

> "das sie die Kösten nit bezalen wolle, wan sie solche bezalte, so miesse sie ein Hex sein, und einen Nachtschaden gethan haben, wan meine Herren ihre Händ in ihrem unschuldigen blut wäschen wöllen, so mögen sie es tun"[458].

Sie wurde daraufhin für drei Jahre aus Stadt und Territorium verwiesen und von den Bannwarten zur Grenze geführt.

1701 wurde noch einmal erfolgreich versucht, eine alte Frau namens Anna Keller, das "Pumpel-Annele" genannt, in ein Verfahren zu verwikkeln.[459] Diese klagt zunächst gegen die "Blaicherin", dieselbe habe sie dreimal

---

457) StAR (wie Anm. 11) II/I/V/3.
458) RPR v. 15.05.1676.
459) Vgl. Hecht, Pumpel-Annele, in: RwHbl. 36 (1975) Nr. 2, S. 3.

gebeten, ihr zu helfen, ganz so, wie man es bei Hexen tue. Sie bat den Rat, ihr wieder zu ihrem ehrlichen Namen zu verhelfen.[460] Zudem stand der Sohn der Anna Keller im Verdacht, "er könne mäus machen".[461] Dies genügte, um die Frau in den Turm zu bringen, zu verhören und zu foltern, zumal sich zusätzlich "einige nahe indicia gezeigt" hätten. Trotz sechstägiger Tortur, während der sie "kein Schmertz empfunden"[462] habe, und obwohl man ihr "geweyhte sachen" eingab, um sie zu einem Geständnis zu bewegen, blieb die Untersuchung ohne Ergebnis. Anna Keller wurde entlassen, mußte Urphede schwören und zusammmen mit ihrem Mann das Rottweiler Gebiet für immer verlassen. Damit waren die Hexenprozesse in Rottweil am Neckar endgültig abgeschlossen.

---

460) RPR v. 17.01.1701.

461) Nach dem Volksglauben lernen Kinder, die im Zaubern unterrichtet werden, vor allem, Mäuse zu machen. Vgl. R. Riegler, HDA VI, Berlin/New York 1987[2], s.v. Maus Sp. 31-60.

462) RPR v. 15.02.1701. Über das Indiz der Schmerzlosigkeit und Tränenlosigkeit vgl. H. von Hentig, Über das Indiz der Tränenlosigkeit im Hexenprozeß, in: Schweizerische Zeitschrift für Strafrecht 48 (1934) S. 368-381.

III. Zusammenfassende Schlussbetrachtung

Insgesamt sind für Rottweil 287 Verfahren wegen Hexerei, Zauberei oder Magie bekannt. Davon waren 234 Frauen und 53 Männer angeklagt. 266 der Angeklagten wurden zum Tode verurteilt und hingerichtet.

Stellt man zum Schluß die Frage nach der Quintessenz dieser Arbeit, sollte zu deren Beantwortung der Bogen (Anfänge, Verlauf, Ende der Hexenprozesse, treibende Kräfte und prozeßbegünstigende respektive hemmende Einflüsse) erneut geschlagen und die Untersuchungsergebnisse in gestraffter, komprimierter Form dargelegt werden.

Beginnend bei den Anfängen der Rottweiler Hexenprozesse muß auf die politische und vor allem ökonomische Situation der Reichsstadt zunächst in der ersten Hälfte des 16. Jahrhunderts hingewiesen werden. Dabei ist auch für Rottweil die allgemeine Konjunkturphase des 16. Jahrhunderts, gefolgt von einem Bevölkerungswachstum zu konstatieren.[463] Im Zuge und zugleich als Mitursache der gestiegenen Wirtschaftskraft kam es zu einer Intensivierung der Handelsbeziehungen der Reichsstadt weit über ihre Grenzen hinaus. Ältere Kontakte wurden vorübergehend gefestigt, wobei hier in erster Linie die Eidgenossenschaft als Bündnis- und Handelspartner zu nennen ist. Auf den verschiedensten Gebieten (administrativer, juristischer, kaufmännischer, religiöser und intellektueller Art) stand die Reichsstadt in enger Beziehung und intensivem Austausch mit der Schweiz.

Obwohl die Quellenlage über den Ursprung der Rottweiler Hexenprozesse wenig Auskunft gibt, muß auf die sehr frühe erste Erwähnung eines solchen Prozesses im Jahr 1525 hingewiesen werden. Berücksichtigt man die Tatsache, daß die Schweiz als "Brutstätte" der Hexenverfolgung betrachtet

---

463) Vgl. H. Lehmann, Hexenglaube und Hexenprozesse in Europa um 1600, in: Degn/Lehmann/Unverhau (Hg.), Hexenprozesse. Deutsche und skandinavische Beiträge, Neumünster 1993, S. 14-27.

werden kann, und berücksichtigt man darüber hinaus die langjährige intensive Beziehung der Reichsstadt Rottweil zur Eidgenossenschaft auf allen vorgenannten Gebieten, wird die Möglichkeit einer Süd-Nord-Wanderung sehr wahrscheinlich.

Rottweiler Gelehrte, wie Reinhard Lutz oder Johann Spreter, sorgten in den folgenden Jahrzehnten ihrerseits für eine Verbreitung der Hexenvorstellungen durch die Publikation ihrer Traktate. Die vielen durch das Kaiserliche Hofgericht bedingten ortsänsässigen Juristen wurden zudem bald in weitem Umkreis als Kapazität in Hexenangelegenheiten bekannt. Ebenso wie an die juristischen Fakultäten der Universitäten Freiburg, Tübingen und Innsbruck wandte man sich nach Rottweil zur Einholung entsprechender Rechtsgutachten. Des weiteren wurde das Kaiserliche Hofgericht als Zivilgericht unter anderem für Ehrverletzungen, wie zum Beispiel Hexereiverleumdungen, angerufen. Berücksichtigt man, daß die Hexenprozesse in ganz starkem Maße auch juristische "Modeerscheinungen" waren, bietet die Akkumulation von Rechtsgelehrten eine geradezu ideale Grundlage zur Durchführung von Prozessen.

Da der Magistrat zuständig für sämtliche Malefizfälle der Stadt und ihres Territoriums war und zwischen Rat und Kaiserlichem Hofgericht teilweise Personalunion herrschte, ist der Einfluß des Hofgerichtes auf die Entscheidungen des Rates nicht unerheblich. Das Fehlen einer Appellationsinstanz bedeutete für die Angeklagten von Anfang an eine äußerst ungünstige Rechtslage. Das Fehlen einer Kontrollinstanz erklärt womöglich auch die ungewöhnlich hohe Zahl von Todesurteilen, die in den meisten Fällen auch vollstreckt wurden.

Hinrichtungen mit dem Feuer traten in gehäufter Weise erstmals in den vierziger Jahren des 16. Jahrhunderts auf. Zu einer regelrechten Welle von Hexenprozessen kam es in den sechziger Jahren desselben Jahrhunderts. Dies ging einher mit den gleichzeitigen Krisenjahren in der Ökonomie. Der

Lebensstandard großer Teile der ländlichen Bevölkerung, die selbst kein Land besaßen, begann deutlich zu sinken. Diese Situation wurde noch erschwert in den Jahren nach 1580, in denen es zu Serien von Mißernten kam, in deren Gefolge Hungersnöte und Seuchen die Stadt und ihr Territorium heimsuchten. Um 1600 verschärfte sich die Krise durch das Einsetzen einer schweren Agrardepression, die eine Stagnation der ökonomischen Entwicklung und ein Anwachsen politischer Spannungen in vielen europäischen Ländern bewirkte. Setzt man die Jahre der Agrarkrise, also Zeiten der Mißernten und Hungersnöte, in Relation zu den Hexenprozessen, so ist festzustellen, daß es gerade diese Jahre waren, in denen die Hexenverfolgungen Konjunktur hatten und in denen man durchaus von Wellen der Hexenprozesse sprechen kann.

Im Umfeld von Mißernten und Hungersnöten traten auch immer wieder Seuchen auf. Diese wirkten, wie gezeigt werden konnte, je nach Dimension unterschiedlich auf den Verlauf der Prozesse. Für die Jahrzehnte bis zur Mitte der ersten Hälfte des 17. Jahrhunderts, also bis ungefähr 1629, wirkten die Seuchenzüge verfolgungsintensivierend. Dementsprechend wird in den Urgichten auch stets Wetterzauber und das Bewirken des "Serbens und Sterbens" von Mensch und Tier gestanden. Da die Geständnisse nach einem festen Fragekatalog abgelegt wurden, kann Bedeutung und Einfluß von Mißernten und Krankheitszügen für den Verlauf der Hexenprozesse als sehr hoch eingeschätzt werden, zumal diese Anklagepunkte in nahezu jedem Geständnis auftauchen. Dementsprechend konnten für die Seuchenjahre überdurchschnittlich viele Hexenprozesse nachgewiesen werden. So fällt auch der absolute Höhepunkt der Rottweiler Hexenprozesse (1629 mit 20 Hinrichtungen) in ein Seuchenjahr.

Der Zusammenhang zwischen Seuche und Verfolgungsintensität ist für Rottweil aber auch in gegenteiliger Hinsicht nachzuweisen. In den Jahren der großen Seuche zwischen 1632 und 1636 fanden nach der Quellenlage nämlich keine Hexenprozesse statt. Dies ist durch einen Bevölkerungsschwund von nahezu zwei Dritteln der Gesamtpopulation zu erklären. Durch die verheerenden Verwüstungen des Dreißigjährigen Krieges und diesen existenzbedrohenden Bevölkerungsrückgang wurde das öffentliche Leben der Stadt vorübergehend lahmgelegt. Der Krieg und der seuchenbedingte Bevölkerungsrückgang dürften daher wesentlich für das Ende der Hexenverfolgung verantwortlich sein. Hinzukommend dürfte nach dem Verfolgungsexzeß von 1629 auch ein Wandel in der Haltung der Rechtsprechung eingetreten sein. Unklar muß bleiben, ob dies eine Folge obrigkeitlichen respektive juristischen Einsehens war, oder ob eher pragmatische Überlegungen vor allem bevölkerungspolitischer Art im Vordergrund standen. Nach 1629 kam es denn nur noch sporadisch zu Prozessen, wobei die wenigsten mit der Hinrichtung der Delinquenten endeten. Die Landesverweisung und das Eingrenzen in die Wohnung traten immer deutlicher als Sanktion hervor. Bei den Hingerichteten trat auch das Delikt der Hexerei immer mehr in den Hintergrund; säkulare Straftaten dominierten zusehends. Die Hexenprozesse 'tröpfelten' in Abständen oft mehrerer Jahre regelrecht aus.

Die Untersuchung von Rolle und Einfluß der Kirche auf den Verlauf der Verfolgungen ergab, daß diese in der Reichsstadt und ihrem Territorium kaum involviert war. Angehörige der Kapuziner traten zuweilen auch über die Stadtgrenzen hinaus als Seelsorger und Beichtväter der Verurteilten auf. Die Dominikaner sind im Zusammenhang mit Hexenprozessen gar nicht in den Quellen erwähnt; ebensowenig die Jesuiten, die sich erst 1652 in Rottweil niederlassen. Angehörige der Gesellschaft Jesu waren allerdings als Prediger schon vorher in der Stadt anzutreffen; aufgrund der heterogenen Einstellung der Ordensmitglieder zur Hexenfrage kann aber keine Aussage über deren Position gemacht werden, zumal keine dieser Predigten erhalten ist. Das gleiche gilt für die wenigen Dominikaner, die sich in Rottweil zu dieser Zeit aufhielten.

Anders verhält es sich mit den Pfarrern der Ortspfarreien. Diese wurden über ihre Eigenschaft als Seelsorger und Beichtväter hinaus in den Verlauf der Prozesse integriert. Durch gütliches Zureden sollten sie die Malefikanten zum Geständnis bewegen, was im allgemeinen Verständnis der Zeit als Einsatz für das Seelenheil der Delinquenten gedeutet wurde. Die Fürbittgebete der Pfarrei Heilig Kreuz und die Predigten des dortigen Pfarrers Johann Uhl bezeugen aber, daß jegliche Art des Unglücks (wie Mißernten, Hungersnöte und Seuchen) als Strafe Gottes gegen die sündigen Rottweiler interpretiert wurde. Von der Geistlichkeit wurde jedenfalls keine Bezüge zu Zauberei und Hexenwerk hergestellt. Als treibende Kraft oder als eine an Hexenverfolgungen besonders interessierte Gruppe scheidet für die Stadt Rottweil und ihr Umland die Kirche daher aus.

Nicht auszuschließen ist aber, daß die moralischen Ermahnungen der Geistlichen zu gottgefälligem Lebenswandel von Gemeindemitgliedern und Untertanen uminterpretiert wurden. Vorausgesetzt, daß in jener Zeit das Gros der Bevölkerung fest an die vom Christentum gesetzten dogmatischen und ethischen Werte ebenso glaubte wie die äußere Not gemäß christlicher Tradition als Strafe Gottes gedeutet wurde, ist die Überlegung naheliegend, daß man beim Zusammenbruch der Weltordnung und beim Verschlechtern der eigenen Umwelt aus Angst um das Seelenheil aktiv wurde. Daß diese Reaktion sich gegen den Sündenbock "Hexe" richtete, lag aber wohl kaum in der Intention der Rottweiler Geistlichen. Die Fehlinterpretation der Predigten ist auch nur ein kleines Moment, das sich mit Elementen des Volksglaubens, ökonomisch bedingten Existenzängsten, Ängsten vor sozialem Abstieg und eigenen Schuldkomplexen zu einem verhängnisvollen Netz verdichtete, in dessen Maschen sich viele Opfer verfangen sollten.

Dies leitet über zur Frage nach Tätern und Opfern. Die Analyse der lokalen und sozialen Herkunft der Opfer der Hexenprozesse hat gezeigt, daß einerseits viele davon aus dem Territorium der Reichsstadt stammten, andererseits ein besonders großer Teil der Hingerichteten aus fremden Herrschaftsgebieten kam. Diese hielten sich oft nur vorübergehend in Rottweil auf. Die wenigsten Opfer stammten aus der Reichsstadt selbst.

Bei den Opfern aus der Stadt und ihrem Territorium handelte es sich in der Regel um Angehörige der unteren bzw. ärmeren bäuerlichen oder städtischen Schicht, deren sozialer Abstieg sie bis an den Rand des Bettelns, ja oft bereits darüber hinaus geführt hat.

Was die Ortsfremden betrifft, so waren dies häufig Nichtseßhafte, Umherziehende, Mittellose, professionell gesprochen Tagelöhner, Kesselflicker, Landstreicher und Bettler. Diese stellten im Zuge der ständig anwachsenden Bevölkerung des 16. Jahrhunderts für die alteingesessenen, etablierten Mittel- und Oberschichten erst dann ein ernstzunehmendes Problem dar, als im Gefolge der Agrardepression, der Mißernten, Hungersnöte und Seuchen die Ressourcen an Nahrungsmitteln knapp wurden. Bettler belasteten das 'Wohlfahrtssystem' der Stadt enorm. Besonders arme Mitbürger würden es vielleicht demnächst belasten. Nachbarschaftshilfe wurde jedenfalls durch beständiges Borgen bereits in Anspruch genommen.

Die reichsstädtische Regierung beantwortete diesen ständigen Zustrom armer Leute mit regelmäßigen Ausweisungsaktionen. Die Bettelvögte wurden zu schärferer Kontrolle der Stadttore angehalten. Es ist offensichtlich, daß umherziehende, bettelnde Arme auch Seuchen verbreiten konnten. Zudem boten sie keinen ästhetischen Anblick. Daß sie mit bösen Mächten in Verbindung gebracht wurden, ist daher nicht verwunderlich.

Unterstellt man den von weiterem sozialen Abstieg bedrohten ärmeren Dorf- und Stadtbewohnern einen ausgeprägten Sozialneid gegenüber den bessergestellten, liegt für diese Opfergruppe der Schluß, dieselben im Umfeld von Teufelspakt und Schadenzauber anzusiedeln, nicht mehr fern.

Als durch die enormen Bevölkerungsverluste als Folge des Dreißigjährigen Krieges Stadt und Land quasi wiederbesiedelt werden mußten, nahm man hingegen auch ärmere Leute wieder auf. Ausweisungsaktionen wurden unnötig, Wegzüge aus dem Territorium sogar unter Strafe gestellt. Die soziale Konfliktfront zwischen Armen und Reichen hatte sich vorübergehend entspannt. Die Hexenprozesse nahmen fast schlagartig ab, was den Zusammenhang offensichtlich werden läßt.

Als Fazit dieser Ausführungen muß festgehalten werden, daß die Rottweiler Hexenprozesse keineswegs ein von kirchlicher oder weltlicher Obrigkeit oktroyiertes Phänomen waren. Die treibenden Kräfte müssen vor allem in den städtischen respektive ländlichen Mittel-, aber auch Oberschichten lokalisiert werden.

Armut allein war aber offenbar keine ausreichende Eigenschaft, die jemanden in den Verdacht bringen konnte, mit dem Laster der Hexerei behaftet zu sein. Bei vielen Opfern ist eindeutig ein abweichendes Verhalten von den Normen des gesellschaftlichen Zusammenlebens zu konstatieren.

Für die Opfergruppe der Fremden heißt das, daß sie oftmals sozial entgleist waren und sich als Diebe und Kleinkriminelle durchschlugen. Die Bedeutung des Leumunds bei Strafverfahren unterstreicht die ungünstige Ausgangsposition der Opfer aus dieser Gesellschaftsschicht. Es war sehr schwierig, Zeugen zu finden, die eine glaubwürdige Einschätzung der Angeklagten abgeben konnten. Sie hatten keine Familie, keine Freunde oder einflußreiche Bekannte, die sich für sie verwenden konnten. Sie waren nicht eingebettet in die Gesellschaft. Sie standen abseits; sie waren asozial.

Bei der Opfergruppe der Ortsansässigen ist festzustellen, daß sie oftmals in Nachbarschaftstreitigkeiten verwickelt waren, daß ihnen Almosen abgeschlagen wurden, daß man sich weigerte, ihnen etwas zu borgen oder Geborgtes zurückzugeben, was Fluchen und Verwünschungen zur Folge hatte. Nicht selten wurden sie durch Alkoholmißbrauch und 'unzüchtigen' Lebenswandel auffällig. In nahezu allen Fällen liegt eine soziale Konfliktsituation zugrunde. Eine auftretende Krankheit oder unerwartetes Unglück wurden entsprechenden Ablaufmustern des Volksglaubens nach als Auswirkungen eines Schadenzaubers interpretiert, der aus vorgenannten Ursachen bewirkt wurde.

Die Hexenprozesse in Rottweil am Neckar hatten ihren Ursprung und fanden ihre Dynamik in einem Konglomerat von sozialen, wirtschaftlichen und rechtlichen Voraussetzungen, die in ihrer Konstellation zur betreffenden, rechten Zeit einen idealen Nährboden zur Manifestierung abergläubischer Vorstellungen bildeten. Diese Arbeit stellt nur einen Versuch dar, die Zusammenhänge dieses Geschehens unter Verwendung der noch zur Verfügung stehenden Quellen zu erhellen. Dennoch liegen noch viele Zusammenhänge und Wechselwirkungen im dunkeln und müssen weiterhin als ungeklärt betrachtet werden.

IV. Anhang

IV.1 Register der im Stadtarchiv Rottweil befindlichen Urgichten und Urpheden

Vorbemerkung: Die mit * gekennzeichneten Namen sind dem Protokollum aller Urgichten von Wilhelm Armbruster entnommen. Viele dieser Urgichten sind nicht mehr erhalten. Die Schreibweise der Namen und Ortschaften orientiert sich an den Quellentexten.

1546:

* „Walburga Zimmermannin von Rottenburg am Neckar Urgicht, so uff anno 1546 mit dem Feuer gericht worden."

* „Othilia Pöttin von Rottweil Urgicht. So uff montag nach dem suntag laetare anno 1546 mit dem Feuer gericht worden."

* „Agatha Seyfridin von Rottweil Urgicht. So uff montag nach dem Suntag laetare anno 1546 mit dem Feuer gericht worden."

* „Waldpurga Posenbergerin von Rottweil Urgicht. So uff Freitag nach Margaretha a. 1546 mit dem Feuer gericht worden."

1547:

* „Anna Hermans genannt Rothensin Urgicht. So Freitags a. 1547 mit dem Feuer gericht worden."

1554:

* „Margaretha Weißbrötin von Schemberg Urgicht, so Samstag nach Jacobis 1554 mit dem Feuer gericht worden."

1561:

* „Barbara Rebin von der Newenburg Urgicht. So Samstags nach Jacobi 1561 mit dem Feuer gericht worden."

(*) StAR (wie Anm. 11) II/I/V/8/3
„26. Juli 1561
Urgicht Catharina Höhnmeyerin
Hexerei. Feuer. 8 Blatt gef.“

(*) StAR (wie Anm. 11) II/I/V/8/2
„28. Juli 1561
Urgicht Margaretha Parnayerin von Kirchen an der Eck.
Hexerei. Feuer.“

1566:

(*) StAR (wie Anm. 11) II/I/V/8/1
„1566
Urgicht Petronella von Epfendorf
Hexerei. ex sententia die Jo. et Pauli“

(*) StAR (wie Anm. 11) II/I/V/8/4
„19. Februar 1566
Urgicht Elsa Rainherin von Straßberg bei Weinfelden.
Hexerei. Feuer.“

StAR (wie Anm. 11) II/I/V/8/5
„21. Februar 1566
Urgicht Wilhelm Zorn von Schwäb. Gmünd
Magie. Rad. Mit dem Rad an Galgen gehenkt, dann Feuer.“

1569:

(*) StAR (wie Anm. 11) II/I/V/8/6
„1. Dezember 1569
Urgicht Margaretha Hönin
Hexerei. Feuer.“

* „Anna Quatlenderin von Weiler Urgicht. Ist 1569 mit dem Feuer gericht worden.“

1571:

* „Catharina Strobelhauserin von Horb Urgicht. So uf Freitag vor Michaelis a. 1571 mit dem Feuer gericht worden."

1572:

* „Elsa Sperlins von Irslingen, Laux Anna von Epffendorf und Ursula us der Wentin Urgichten, so uff Freitag nach Exaudi 1572 mit dem Feuer gericht worden."

* „Margaretha Bürckhin, Breyda Burdig, beide von Dunningen und Breyda Bihels von Bösingen Urgichten, so uf Samstag nach Joannis mit dem Feuer gericht worden."

* „Margaretha Reiderkenin genannt Schweitzerin von Baden uffer dem Algew so uff Samstag den 2. August 1572 zuvor mit glienden Zangen etlich mal gegriffen, darnach mit dem Feuer gericht worden."

* „Barbara Voglerin uf der Aw Urgicht, so uf Zinstag nach Michaelis 1572 zuvor mit einem griff mit einer glühenden Zangen, darnach zum Feuer verurteilt und uff nechst davonfolgenden Samstag damit gericht worden."

* „Hans Kilian von Pfullingen Urgicht, so 1572 mit dem Feuer gericht worden."

(*) StAR (wie Anm.) II/I/V/8/7
„Urgicht Margaretha Stimlerin von Waldmössingen
Hexerei"

(*)o. Sign. 1572
„Urgicht Petronella Reinin von Trolfingen bei Münsingen
Hexerei."

1573:

* „Anna Kermannin, Hans Bilgen des Hürten gewesene Hausfrau alhie Urgicht. So uff donnerstags 1573 mit dem Feuer gericht worden."

* „Hans Heine von Beringen Urgicht, so 1573 mit dem Feuer gericht worden."

* „Breida Leiss von Beringen Urgicht, so 1573 mit dem Feuer gericht worden."

* „Waldpurga Dilgassens genannt Faulhaberin Urgicht, so 1573 mit dem Feuer gericht worden."

1574:

(*) StAR (wie Anm.) II/I/V/8/9
„25. August 1574
Urgicht Margaretha Burgin von Binzwangen/Riedlingen
Hexerei"

* „Hansen Baugen aus der Altstadt, so Mittwoch nach Mariae Lichtmeß 1574 mit dem Feuer gericht."

* „Katharina Nestors aus Neuffra, Apolonia Algewerin aus Neuffra, Barbara Heintzmännin us dem hünisch Bisch Urgichten, so 1574 mit dem Feuer gericht worden."

* „Margaretha Hochburgerin von Ravensburg und Apolonia Winding von Sunderfingen Urgichten, so 1574 zum Feuer verurteilt und verbrannt worden."

o. Sign.
„1574
Urgicht Barbara Egloffin aus der Altstadt
Hexerei."

1575:

* „Margaretha Brigerin von Hangen Urgicht, so uf Freitags nach Laurentii 1575 mit dem Feuer gericht worden."

StAR (wie Anm.) II/I/V/8/11
„17. März 1575
Urgicht Sibilla Schaaf von Dünivingen?
Hexerei.Feuer"

1576:

* „Ursula Rößlerin von Rottweil Urgicht, so 1576 zum Feuer verurteilt worden."

1577:

* „Simons Anna von Dochingen Urgicht, so uf donnerstags, 18. Juli 1577 mit dem Feuer gericht worden."

* „Anna Streiblerin genannt Mandlins Anna von Dochingen Urgicht, so den 18. Juli 1577 zum Feuer verurteilt worden."

* „Moll Anna von Dochingen Urgicht, so 1577 zum Feuer verurteilt worden."

* „Anna Barschin von Kappel Urgicht, so uff den 18. Juli 1577 zum Feuer und aber das ir vorhin 3 griff mit gliendem Zangen zu geben werden solle, verurteilt worden."

(*) StAR (wie Anm.) II/I/V/8/13
„18. Juli 1577
Urgicht Rosinn Gräffin, genannt Nellin von Sigmaringen
Hexerei. Feuer"

(*) StAR (wie Anm.) II/I/V/8/12
„21. Juli 1577
Urgicht Katharina Bertschin von Kappel
Hexerei. Feuer

* Ampthleuth zu Rosenfeldt umb das obstende Catharina Bartschin, das dorff Plötzingen verbrendt, haben sie, von irer Urgicht, inen Copey mitzutheilen alhiero geschrieben. Laut Schreibens vom 12. 8. 1577.
Schramberg will auch eine Kopie haben."

1579:

StAR (wie Anm. 11) II/I/V/8/14
„12. September 1579
Urgicht Katharina Höwerin von Dunningen

Hexerei. Feuer"

* „Barbara Niethin von Blattenhardt Urgicht, so uf Montag den 9.11. 1579. Als zu ir uf inem Marckht, mit einer glienden Zangen ain griff zu geben, nachher zum Feuer verurteilt, die sie dann uff nachstehenden Sambstag gericht worden."

1580:

* „Barbara Stromin von Trossingen Urgicht, so uf Zinstag a. 1580 zum Feuer verurteilt worden."

* „Anna Hermanns von Kappel Urgicht, so uf Zinstag a. 1580 zum Feuer verurteilt und gericht worden."

* „Anna Schwenckhin von Kappel Urgicht, so 1580 zum Feuer verurteilt und damit gericht worden."

(*)o. Sign.
„1580
Urgicht Agatha Jauchin von Cappel
Hexerei. Feuer."

(*) StAR (wie Anm.) II/I/V/9/15
„29. April 1580
Urgicht Hans Enngel von Rottweil
Magie. Rad und Feuer"

(*) StAR (wie Anm.) II/I/V/8/17
„20. Dezember 1580
Urgicht Michel Reitz von Ratshausen
Magie. Feuer. 2 Ex."

1581:

(*)o. Sign.
„1581
Urgicht Margaretha Weissin von Niedereschach

Hexerei. Feuer."

(*) StAR (wie Anm.) II/I/V/8/22
„1581
Zinstag nach Viti et Modesti
Urgicht Eufrosina Freiburgerin von Cappel.
Hexerei. Feuer"

(*) StAR (wie Anm. 11) II/I/V/8/21
„20. April 1581
Urgicht Ursula Stromin von Deisslingen
Hexerei. Feuer. 2 Ex."

(*) StAR (wie Anm.) II/I/V/8/24
„20. April 1581
Urgicht Anna Seyfridt von Deisslingen
Hexerei. Feuer"

(*) StAR (wie Anm. 11) II/I/V/8/18
„20 Juni 1581
Urgicht Anna Müller von Kappel
Hexerei"

(*) StAR (wie Anm. 11) II/I/V/8/19
„20. Juni 1581
Urgicht Breida Vögelin von Kappel
Magie"

(*) StAR (wie Anm. 11) II/I/V/8/23
„20. Juni 1581
Urgicht Marina Beckhin von Cappel
Hexerei. Feuer"

(*) StAR (wie Anm. 11) II/I/V/8/25
„20. Juni 1581
Urgicht Verena Jauchin von Cappel
Hexerei. Feuer"

StAR (wie Anm. 11) II/I/V/8/26
„20. Juni 1581
Urgicht Barbara Rebin von Newenburg, des Pfarrers von Dunningen Magd
Feuer“

* „Jeiha Marquartin von Kappel Urgicht, so 1581 zum Feuer verurteilt und damit gericht worden.“

* „Waldburga Heintzelmännin von Schramberg Urgicht, so 1581 zum Feuer verurteilt und damit gericht worden.“

* „Margaretha Streibin von Nidereschach Urgicht, so 1581 zum Feuer verurteilt und damit gericht worden.“

* „Dilga Bettings der Millerin von Kappel Urgicht, so 1581 zum Feuer verurteilt und damit gericht worden.“

* „Gertruden Bitzerin von Kappel Urgicht, so uf 1581 zum Feuer verurteilt und damit gericht worden.“

1582:

* „Pauly Benz von Westhofen Urgicht, so 1582 zum Feuer verurteilt und damit gericht worden.“

* „Hansen Dorners von Hasenweiler Urgicht 1582, Rad und Feuer.“

* „Hansen Heinrich Hessen von Lützelburg Urgicht 1582, Rad und Feuer.“

1583:

(*)o. Sign.
„1583
Urgicht Catharina Erathin von Niedereschach
Hexerei. Feuer.“

(*) StAR (wie Anm. 11) II/I/V/8/27
„1583
Urgicht Annan Hirthin, genannt Herter Annelin von Niedereschbach, so uf Philip Speckbachers, des gewesenen Burgvogts zu Graveneck an Johann Schlertzen urteilssprechern getan schreiben, somit das den 17.Juni angegriffen und gericht worden.
Hexerei. Feuer"

(*) StAR (wie Anm. 11) II/I/V/8/28
„27. August 1583
Urgicht Anna Weißin von Bösingen
Hexerei. Feuer"

(*) StAR (wie Anm. 11) II/I/V/8/30
„1583
Urgicht Anna Merckhlin von Kappel
Hexerei"

(*) StAR (wie Anm. 11) II/I/V/8/31
„3. Oktober 1583
Urgicht Anna Möslin
Hexerei. Feuer"

(*) StAR (wie Anm. 11) II/I/V/8/32
„3. Oktober 1583
Urgicht Cordula Müllerin
Hexerei. Feuer"

* „Margaretha Rötlins von Rottweil Urgicht, so den 31.10.1583 zum Feuer verurteilt und gericht worden."

1584:

o. Sign.
„18. April 1584
Urgicht Ulrich Loschner von Metzingen im Wracher Thal
Magie. Feuer."

(*) StAR (wie Anm. 11) II/I/V/8/33
„22. März 1584
Urgicht Michael Frieß von Lamenberg bei Fietzen, seines Handwerks ein Schmied,
Magie. Feuer"

* „Hans Jacobs von Molspern us dem Domhen Algew Urgicht, so 1584 mit dem Feuer gericht worden."

* „Anna Hauenspergerin von Dochingen Urgicht, so 1584 zum Feuer verurteilt und gericht worden."

1585:

StAR (wie Anm.) II/I/V/8/35
„13. August 1585
Urgicht Appolonia Klugin aus dem Blatterhaus
Hexerei. Feuer. exc. Samstag"

StAR (wie Anm. 11) II/I/V/8/36
„Di. nach Laurenti 1585
Urgicht Margaretha Brellerin von Rottweil
Hexerei. Feuer. 2 Ex."

* „Elisabetha Frummin von Underfingen bei Riedlingen Urgicht, so 1585 zum Feuer verurteilt und gericht worden."

1586:

StAR (wie Anm. 11) II/I/V/8/37
„29. April 1586
Urgicht Anna Pfeiferin von Seedorf
Hexerei. Feuer
1586, so sie zuvor den 19.8. des selben Jars, in irem Haus zu Seedorf mit 22 Personen, so 15 9 [?] verzert, gefenglich angenomen und nach Rottweil geführt, zum Feuer verurteilt und gleich morgens damit gericht worden."

* „Anna Werlins ob dem Hauxenwald Urgicht, so 1586 zum Feuer verurteilt und damit gericht worden."

* „Appolonia Marstallerin von Ehingen us dem Bayernlandt, Hansen Schürlins genannt Touchingers Hausfrauen, Urgicht, so uf 1586 zum Feuer verurteilt und volgends samt seinem weib Appolonia Marstallerin verbrennt worden."

* „Hans Schirlins genannt Touchingers von Rottweil Urgicht, so sambt seinem weib Appolonia Marstallerin verbrennt worden."

* „Hans Reinhardts von Geißlingen bei Ulm Urgicht, so 1586 zum feuer verurteilt und damit gericht worden."

* „Mathis Kugels von Brienbach Urgicht, so 1586 zum Feuer verurteilt und verbrennt worden."

1587:

* „Agnesa Deckerin von Meßstetten Urgicht, so weilandt Cunradt Trauben seligen Wittib gewesen, ist 1587 zum Feuer verurteilt und damit gericht worden."

* „Anna Fünckin von Erla under Rosenfeld Urgicht, so 1587 mit dem Feuer gericht."

* „Jacob Bertschins von Stetten Urgicht, so 1587 zum Feuer verurteilt und darnach auch also gericht worden."

* „Agnesa Rosenbergerin von Rottweil Urgicht, so 1587 zum Feuer verurteilt und gericht worden."

* „Margaretha Kolerin von Seedorf Urgicht, so den 21.4.1587 daselbst zu Seedorf geholet, dabei zu Roß und Fuoß 53 Mann gewesen und darauf 30 ß 18bz 9hl verzert. Ist zum Feuer verurteilt und verbrennt worden."

* „Agnesa Lepschin von Seedorf, weilandt Michel Graben seligen nachgelassene Wittiben Urgicht, so den 17.10.1587 mit 200 Mann zu Roß und Fuoß im Dorf Seedorf und daselbsten in ihrem Haus geholet, darüber 81 ß 17bz 6hl costen uffgewendt und volgenden

Do zum Feuer verurteilt und darnach sampt iren nachbenannten gespielin Margaretha Friessen, so auch von Seedorf verbrennt worden."

* „Margaretha Friesin Melin Hagenowens genannt Schuomachers Hausfrauwen zu Seedorf Urgicht, so sondermaßen uf nachts den 17.10.1587 samt irer Gespielen Agnesa Lepschin mit 200 Mann zu Roß und Fuoß, im Dorf Seedorf und daselbst in irem Haus geholet, darüber 89 ß 17bz 6hl uffgewandt und folgenden Do samt gedachter gespielen verbrennt worden."

1588:

StAR (wie Anm. 11) II/I/V/8/38
„20. Februar 1588
Urgicht Anna Menin aus der Altstadt
Hexerei. Feuer"

StAR (wie Anm. 11) II/II/V/9/38I
„21. Juni 1588
Urgicht Katharina Ruoppin von Dailfingen
Hexerei. Samstag die Exec. beschehen.
Or. Pap. 8 S.
mit größerem Bestand von der Bühne des Geb. Hauptstr. 22, ehem. Stadtkanzlei, eingekommen."

* „Elisabeth Millerin von Nidereschach Urgicht, so 1588 zum Feuer verurteilt und verbrennt worden."

* „Margaretha Baurmännin von Schwenningen Urgicht, so 1588 zum Feuer verurteilt und verbrennt worden."

* „Anna Scherlin genannt Buolochin weilandt Georg Beelchen seligen nachgelassenen Wittiben allhie uff dem Blatterhaus Urgicht, so 1588 zum Feuer verurteilt und gericht worden."

* „Agathe Petermännin und Tochter zu Wasser verurteilt-- Kindsmord ?"

* „Anna Benerin von Leinstetten Urgicht, so 1588 zum Feuer verurteilt und verbrennt worden."

1589:

(*) StAR (wie Anm. 11) IIa Ia LV F14 No 5
„22. April 1589
Urgicht Otmar Gersteneckher von Hochmessingen
Diebstahl. Magie
Otmar Gerstenecker sen. (Vater) ist 1588 mit dem Schwert gerichtet worden."

(*) StAR (wie Anm. 11) II/I/V/8/40
„25. Juli 1589
Urgicht Katharina Genderin (Gruoberin) von Aixen, Clixen?, Hansen Botts gewesenen Vogts zu Gelstorf selige hinterlassene Wittib.
Hexerei. Feuer. exc. Samstag"

(*) StAR (wie Anm. 11) II/I/V/8/41
„19. August 1589
Urgicht Thobas Hosinger von Vielingendorf und seines Weibes Agnesa Wedelmacherin von Stetten
Magie und Hexerei. Feuer"

(*) StAR (wie Anm. 11) II/I/V/9/39
„10. November 1589
Urgicht Margaretha Rall von Nähren bei Tübingen, zu Lackendorf
Hexerei. Feuer
Des weiteren
Urphede von Gall Welhaber zu Lackendorf, ihr Mann 1589."

* „Ursula Stymlerin von Wintzeln, genannt Stymler Ursel, Bastian Stymlers Hausfrawen Urgicht, so am 27. Juli 1589 zum Feuer verurteilt und verbrennt worden."

* „Anna Kurtin von Zeidlfingen Urgicht, so den 20.9.1589 zum Feuer verurteilt und verbrennt worden."

* „Barbara Koch von Stetten Urgicht, so den 27.11.1589 zum Feuer verurteilt und damit gericht worden."

1590:

(*) StAR (wie Anm. 11) II/I/III/4/1
„27. März 1590
Samstags nach Oculi
Urgicht der Barbara Spindlerin von Zepfenhahn nachher bei ihrem Vater Basta Speidler.
außen: urteil: mit dem Feuer vom Leben zum Tod: exec. bis künftig Samstag"

StAR (wie Anm. 11) II/I/V/8/16
„12. Juli 1590
Urgicht Agatha Jauckin von Kappel
Hexerei. geheftet 6 Blatt"

(*) StAR (wie Anm. 11) II/I/III/4/2
„Di. 24. Juli 1590
Urgicht Salomea Herderin von Rottweil: mit dem Feuer verbrennen, ihr Fleisch und Gebein zu pulvrum und Asche verbrennen, im Erdreich begraben. executio künftig Samstag.
2 Ausfertigungen."

(*) StAR (wie Anm. 11) II/I/II/4/3
„Samst. 24. Juli 1590
Urgicht Conrad Haller von Rottweil hat sich mit dem bösen verbunden.
Urteil: Feuer! Asche! ex. nächsten Samstag"

(*) StAR (wie Anm. 11) II/I/III/4/6
„Do., 23. August 1590
Urgicht Barbara Zellerin von Rottweil
mit dem Feuer exc. künftig Samstag
2 Ausfertigungen i. A. bitra b No 77."

StAR (wie Anm. 11) II/I/III/4/7
„Villingen, 2. September 1590
Bürgermeister und Rat von Villingen,

antwortlich des Schreibens von Rottweil einer der Hexerei verdächtigen Weibsperson halben."

(*) StAR (wie Anm. 11) II/I/III/4/8
„Di. nach Mathei 1590
Urgicht Paula Bilger von Pforra bei Eschingen. Verbindung mit dem Bösen.
Feuer! künftig Freitag
i. A. 'bitra b No 82'"

StAR (wie Anm. 11) II/I/III/4/9
„4. Dezember 1590
Urgicht Thongius Schentzlin von Schwenningen wegen Verbindung mit dem bösen und Bestialität.
Nachrichter Feuer, Di. exc."

1591:

StAR (wie Anm. 11) II/I/III/4/10
„02. April 1591
Urgicht Hans Bosch von Wetzisreite bei Ravenspurg. Verbindung mit dem Bösen
Feuer. exc. künftig Samstag
i.A. bitros b Nr 85"

StAR (wie Anm. 11) II/I/V/8/42
„3. September 1591
Urgicht Marina Hauserin von Lauffen
Hexerei. Feuer. exc. Freitag. 5 Blatt geheftet."

* „Anna Bürckhlins von Neuferen Urgicht, so den 19.8.1591 zum Feuer verurteilt und damit gericht worden."

* „Anna Vischerin alhie Urgicht, so den 16. Juli 1591 zum Feuer verurteilt und damit gericht worden."

* „Catharina Ackherknechtin Urgicht, so den 30. Juli 1591 zum Feuer verurteilt und damit gericht worden."

1592:

StAR (wie Anm. 11) II/I/III/4/27
„26. Dezember 1592
Demütige Supplication an den Rat der Stadt Rottweil. Anna Weiland Christian Schulers sel. Hinterlass. Witwe Kinder, beiderseitige Freundschaften, verwandte und Schwäger. Die Witwe Christian Schulers war auf ungewisses Angeben etlicher hingerichteter Personen in Gefängnis und schwere Haftung genommen, seit 1/2 Jahr darin peinlich befragt worden. Deshalb schriftliche Supplication, sie auf eine altgewöhnliche Urfehde zur Haushaltung heim zu lassen, besonders, weil sie erfahren haben, daß für die Mutter 'ain eingezwungen finster eng block heuslein erbauwen worden.'"
Randbemerkung: „Entscheid.: der [...] der Anna Brenneysin soll etwas gemildert. außen: Selbe dise Supplication bind. meine herren die fünff gelegt worden."

StAR (wie Anm. 11) II/I/III/4/28
„1. April 1592
An den Rat Rottweil
Hans Jacob Kurman, Keller zu Tuttlingen, richtet eine Anfrage am 1. April an den Rat, weil eine Hexe bekannt hat, es seien auch zwei von Rottweil auf dem Heuberg bei einem Tanz und Imbiß zusammen gewesen."

* „Anna Stromin von Geyslingen Urgicht, so 1592 zum Feuer verurteilt und gericht worden."

* „Conrad Ernsts von Reutlingen Urgicht, so 1592 zum Feuer verurteilt und damit gericht worden."

* „Anna Probstin von Rottweil Urgicht, so 1592 zum Feuer verurteilt und auch damit gericht worden."

* „Barbara Döring von Epfendorf Urgicht, a. 1592 zum Feuer verurteilt und damit gericht worden."

* „Brigitta Pöttlin von Rottweil Urgicht, so 1592 zum Feuer verurteilt und gericht worden."

* „Martin Brienen von Rottweil Urgicht, so den 2. Juni 1592 zum Feuer verurteilt und damit gericht worden."

* „Verena Hundspissin von Tuttlingen Urgicht, so den 2. Juni 1592 zum Feuer verurteilt und damit gericht worden."

* „Anna Böckhlin von Waldmössingen, sunsten die Altvogtin zu Neunkürch genannt, hat laut ihrer Urgicht von 1592 bekhandt, aber ehe sie verurteilt, ist sie im Turm gestorben, und darnach nichts destoweniger verbrendt worden."

* „Ursula Häsin von Täbingen Urgicht, ist den 17. Juni 1592 zum Feuer verurteilt und damit gericht worden."

* „Anna Stielingerin us der Altstadt Urgicht, so den 17. Juni 1592 zum feuer verurteilt und den 23. damit gericht worden."

* „Brigitta Bauwmännin von Douchingen Urgicht, so den 21. Juli 1592 ertrenckt worden -- Kindsmord."

1593:

StAR (wie Anm. 11) II/I/III/4/12
„10. September 1593
Urgicht Anna Kosin von Epfendorf wegen Hexerei
Feuer. Samstag"

* „Thobiae Wirt von Steißlingen Urgicht, so den 19. Januar 1593 zum Rad und Strang vom Leben zum Tod und auch zum Feuer verurteilt und damit gericht worden. Ebenso Martin Fritzen von Kemlat, Hansen Schlieffer genannt Cuole Hans von Fritlingen, Heinrich Fausten us dem Breisgau, Georg Finckhels aus dem gunthartz."

* „Hansen Schmidt von Rottweil Urgicht, so den 19.10.1593 zum feuer verurteilt und damit gericht worden."

* „Margaretha Waldtkäffin von Sigmaringen dem Dorf Urgicht, so 1593 zum Feuer verurteilt und damit gericht worden."

1595:

StAR (wie Anm. 11) II/I/III/4/11
„post Michael 1595
Urgicht Georg Jankh von Mörspurg
Verbindung mit dem bösen, mit dem Rad, Strang und Feuer; künftigen Samstag"

* „Hansen Wilden von Tüwingen Urgicht, den 30.3.1595 mit Rad, Strang und Feuer gericht, ebenso Thoman Georgen von Nidereschen."

* „Anna Burdig von Tunningen und Barbara Packhin von Bretingen sind 1595 zum Feuer verurteilt und gericht worden."

* „Margaretha Piekherna von Schleickhen Urgicht, so 1595 zum Feuer verurteilt und damit gericht worden."

* „Jacob Strigels des Alten von Rottweil Urgicht, so 1595 zum Feuer verurteilt und damit gericht worden."

* „Anna Wernitzin von Rottweil Urgicht, so 1595 zum Feuer verurteilt und damit gericht worden."

1596:

StAR (wie Anm. 11) II/I/III/4/14
„Do, 1. August 1596
Urgicht Margaretha Scheirlin aus der Altenstadt Rottweil.
Hexerei. außen: Feuer. künftig Samstag"

1597:

StAR (wie Anm. 11) II/I/III/4/15
„4. Juli 1597
Urgicht Capar Lenglin/ Senglin? von Rottweil
Verbindung mit dem bösen
außen: Schwert exc. Samstag"

1598:

StAR (wie Anm. 11) II/I/III/4/18
„8. Juli 1598
Urgicht Valentin Sauger von Eyttel bei Freiburg (außen: Waltius Saulgers von Eystetten)
Verbindung mit dem Bösen.
Feuer“

StAR (wie Anm. 11) II/I/III/4/19
„13. August 1598
Urgicht Anna Beiferin von Sigmaringen
Hexerei. Feuer künftig Samstag“

StAR (wie Anm. 11) II/I/III/4/20
„25. August 1598
Urgicht Catharina Sengnerin von Vischbach
Hexerei. außen: Feuer, künftig Samstag“

StAR (wie Anm. 11) II/I/III/4/21
„25. August 1598
Urgicht Elisabeth Brottbeckhin von Eich bei Irtingen (außen: Nirtingen)
Hexerei. Feuer künftig Samstag“

StAR (wie Anm. 11) II/I/III/4/22
„25. August 1598
Urgicht Anna Meßmerin von Beffendorf
Hexerei. mit dem Brand künftig Samstag“

StAR (wie Anm. 11) II/I/III/4/23
„27. August 1598
Urgicht Margaretha Reisin von Herrenzimmern.
Hexerei. Feuer Samstag 29. eiusdem exec.“

StAR (wie Anm. 11) II/I/III/4/24
„10. September 1598
Urgicht Agatha Hagnerin von Rottweil
Hexerei. Feuer, künftig Samstag.“

1599:

StAR (wie Anm. 11) II/I/III/4/25
„15. April 1599
Urgicht Michel Asprion von Thuningen
Vebindung mit dem Bösen
Schwert, künftig Samstag."

StAR (wie Anm. 11) II/I/III/4/26
„Montag nach Joannis 1599
Urgicht Max Schappel von Milhausen
Verbindung mit dem Bösen
Feuer! exc. soll geschehen künftig Mittwoch
30. Juni 1599"

1600:

StAR (wie Anm. 11) II/I/V/11/1
„22. Juni 1600
Urgicht Gertrud Lutzin von Winzeln
Hexerei. Feuer. exc. Samstag"

StAR (wie Anm. 11) II/I/V/15/5
„18. Juli 1600
Urgicht Margaretha Berninger von Schildten
Hexerei. Feuer., exc. Freitag"

StAR (wie Anm. 11) II/I/V/15/1
„27. Juli 1600
Urgicht Barbara Schmidin von Winzeln
Hexerei. a. Samstag zum Feuer"

StAR (wie Anm. 11) II/I/V/11/2
„11. August 1600
Urgicht Anna Meyerin von Villingendorf
Hexerei. Feuer. exc. Samstag"

1601:

StAR (wie Anm. 11) II/I/V/8/43
„11. Oktober 1601
Urgicht Hans Tresell von Hof in Voitland
Magie. Feuer."

1602:

StAR (wie Anm. 11) II/I/V/16/3
„1. Februar 1602
Urgicht Hans Vogel von Niedereschach
Magie . Feuer. exc. 1. Februar 1602 geschehen"

StAR (wie Anm. 11) II/I/V/16/15
„18. Juli 1602
Urgicht Brigitta Anna von Lauffen
Hexerei. Feuer. exc. Samstag"

StAR (wie Anm. 11) II/I/V/16/1
„13. August 1602
Urgicht Barbara Schmiedin von Riedlingen
Hexerei. Feuer. exc. Samstag/ i. R. 16. August 1602"

StAR (wie Anm. 11) II/I/V/11/3
„16. August 1602
Urgicht Anna Bäderin von Mößkirch
Hexerei. Feuer. exc. Samstag"

StAR (wie Anm. 11) II/I/V/8/44
„16. August 1602
Urgicht Jacob Mühe von Epfendorf
Magie. Feuer. exc. Samstag"

StAR (wie Anm.11) II/I/V/16/4
„16. August 1602

Urgicht Barbara Khusin von Epfendorf
Hexerei. Feuer. exc. Samstag"

StAR (wie Anm. 11) II/I/V/16/2
„29. August 1602
Urgicht Walburga Merckhin von Oberdettingen im Schwabenland bei Memmingen, jetzt zu Rottweil
Hexerei. Feuer. exc. Samstag"

StAR (wie Anm. 11) II/I/V/11/4
„4. September 1602
Urgicht Ursula Deugerin von Stiellingen
+ Virgil Weylers Obervogt zu Rottweil Witwe.
Hexerei. Feuer. exc. Samstag"

StAR (wie Anm. 11) II/I/V/16/16
„8. Oktober 1602
Urgicht Franz Georg Lawenburger aus "Klein Egypten"
Magie. Feuer."

StAR (wie Anm. 11) II/I/V/15/3
„14. November 1602
Urgicht Cordula Baurmännin aus der Altstadt
Hexerei. Feuer. exc. Samstag"

1603:

StAR (wie Anm. 11) II/I/V/11/5
„12. März 1603
Urgicht Barbara Will aus Bernaw jetzt zu Rottweil. Hexerei. Feuer. exc. Samstag"

StAR (wie Anm. 11) II/I/V/8/45
„25. Juni 1603
Urgicht Michel Eydt von Rottweil
Magie. Feuer"

StAR (wie Anm.) II/I/V/16/6

„22. September 1603
Urgicht Anna Diel von Deisslingen
Hexerei. Feuer. exc. Samstag"

StAR (wie Anm. 11) II/I/V/11/6
„23. September 1603
Urgicht Anna Zäpfin von Deißlingen
Hexerei. Feuer. exc. Samstag"

StAR (wie Anm. 11) II/I/V/16/7
„23. September 1603
Urgicht Agnes Bellisa von Epfendorf
Hexerei. Feuer. exc. Samstag"

1604:

StAR (wie Anm. 11) II/I/V/8/46
„10. Februar 1604
Urgicht Jacob Gauther von Bösingen
Magie. Feuer"

StAR (wie Anm. 11) II/I/V/16/10
„10. Februar 1604
Urgicht Gallus Erhart von Bösingen
Magie. Feuer. exc. Samstag"

StAR (wie Anm. 11) II/I/V/15/10
„16. Februar 1604
Urgicht Anna Bientzin von Bösingen
Hexerei. Feuer. exc. Samstag"

StAR (wie Anm. 11) II/I/V/11/7
„9. März 1604
Urgicht Anna Ehrattin von Niedereschach.
Hexerei. Feuer. exc. Samstag"

StAR (wie Anm. 11) II/I/V/16/17

„Urgicht Hans Eisenmann von Oberseckhingen, der 27. März 1604 nach Stühlingen gefangen eingeliefert worden."
Diebstahl und Magie (war mit 506 Hexen bei Freiburg beisammen). kein Urteil hinten.

StAR (wie Anm. 11) II/I/V/11/8
„27. Juli 1604
Urgicht Magdalena Fischerin von Rottweil
Hexerei. Feuer. exc. Samstag"

StAR (wie Anm. 11) II/I/V/15/6
„27. Juli 1604
Urgicht Agatha Mahlerin von Riedlingen
Hexerei. Feuer. exc. Samstag"

StAR (wie Anm. 11) II/I/V/11/9
„Do., 4. November 1604
Urgicht Anna Freyin von Rottweil
Hexerei. Feuer exc. Samstag"

1605:

StAR (wie Anm. 11) II/I/V/16/11
„19. Juli 1605
Urgicht Barbara Röthlin von Rottweil
Hexerei. Feuer. exc. Samstag"

1606:

StAR (wie Anm. 11) II/I/V/15/8
„22. Juni 1606
Urgicht Barbara Schmidin von Winzeln
Hexerei. Feuer. exc. Freitags"

StAR (wie Anm. 11) II/I/V/15/9
„14. November 1606
Urgicht Anna Mawerin von Rottweil
Hexerei. Feuer. exc. Samstags"

StAR (wie Anm. 11) II/I/V/15/14
„Do. nach Nicolai 1606
Urgicht Catharina Schwartzin von Müllen (Mühlheim) an der Donau
Hexerei. Feuer. exc. Samstag“

1607:

StAR (wie Anm. 11) II/I/V/15/13
„7. Juni 1607
Urgicht Anna Klarerin von Schömberg
Hexerei. Feuer. exc. Samstag“

1609:

StAR (wie Anm. 11) II/I/V/8/52
„3. Februar 1609
Urgicht Maria Hertin von Rottweil
Hexerei. Feuer. exc. Freitag“

StAR (wie Anm. 11) II/I/V/16/13a
„24. Juni 1609
Vogt zu Dornhaan an Rottweil; übersendet Extract, welche Weiber Barbara Hans Schneiders Witwe als Mitkomplizen der Hexerei angeben; i. R. 7. Juli 1609 (den Fünfern darüber Inquisition zu halten anbefohlen)“

StAR (wie Anm. 11) II/I/V/15/12
„8. Juli 1609
Urgicht Anna Schneiderin von Seedorf
Hexerei. Feuer. exc. Samstag“

StAR (wie Anm. 11) II/I/V/8/49
„8. Juli 1609
Urgicht Margaretha Rallin von Seedorf
Hexerei. Feuer“

StAR (wie Anm. 11) II/I/V/8/51

„8. Juli 1609
Urgicht Matthäus Faulhaber von Rottwil
Magie. Feuer."

StAR (wie Anm. 11) II/I/V/16/14
„8. Juli 1609
Urgicht Margaretha Clausmännin von Friberg
Hexerei. Feuer. exc. Samstag"

StAR (wie Anm. 11) II/I/V/16/12
„8. Juli 1609
Urgicht Brigitta Mayerin von Bösingen
Hexerei. Feuer. exc. Samstag"

StAR (wie Anm. 11) II/I/V/8/50
„28. Juli 1609
Urgicht Appollonia Beckhin von Dietingen
Hexerei. Feuer. exc. Samstag"

1610:

StAR (wie Anm. 11) II/I/V/17/1
„15. Juli 1610
Urgicht Anna Kuonin von Rottweil
Hexerei. Schwert. Feuer."

StAR (wie Anm. 11) II/I/V/17/3
„15. Juli 1610
Urgicht Anna Leuxin von Jesingen bei Tübingen
Hexerei. Schwert. Feuer. exc. Samstag"

1613:

StAR (wie Anm. 11) II/I/V/17/7
„23. Juli 1613
Urgicht und gerichtliche Examination
Elsa Bernhartin von Oberbaldingen, Moritz Hollen des Friesen in der Au Hausfrau.

Hexerei. Schwert. vergraben. exc. Samstag"

1615:

StAR (wie Anm. 11) II/I/V/8/56
„7. Juli 1615
Urgicht Kles Grueber, genannt Brattistgeiger von Hochmessingen
Magie. Feuer, exc. Samstag"

StAR (wie Anm. 11) II/I/V/8/57
„7. Juli 1615
Urgicht Anna Hueckerin von Hochmessingen
Hexerei. Feuer. exc. Samstag"

StAR (wie Anm. 11) II/I/V/1/12b
„16. Juli 1615
Stadtschreiberei Oberndorf
Auszug aus Anna Edelmännin Urgichten"

StAR (wie Anm. 11) II/I/V/8/59
„27. August 1615
Urgicht Dorothea Wagnerin von Winzeln
Hexerei. Feuer. exc. Samstag"

StAR (wie Anm. 11) II/I/V/8/60
„27. August 1615
Urgicht Catharina Dietrichin von Hochmessingen
Hexerei. Feuer. exc. Samstag"

1616:

StAR (wie Anm. 11) II/I/V/8/61
„15. September 1616
Urgicht Elisabeth Schneiderin von Göllsdorf
des +Vogts Weib
Hexerei. feuer. exc. Samstag"

StAR (wie Anm. 11) II/I/V/8/63
„6. Oktober 1616
Stadtschreiberei Oberndorf
regest: Auszug aus den 25. August 1616 hingerichteten Personen eigenen Bekenntnissen und Urgichten an Bürgermeister und Rat der Stadt Rottweil, nämlich von
1) Maria Schweitzerin, Peter Costen Weib von Oberndorf/15. August 1616
2) Barbara Otkin, dass Ölbabelin genannt, zu Oberndorf, nach 15. August hingerichtet.
3) Hans Beckh, der Schwyzer genannt von Altoberndorf, der Hexenspielmann
4) Sabina Hetzelin von Waldmössingen
5) Maria Jäcklin von Altoberndorf
6) Margaretha Khueckhlerin, Hebamme, Simon Schneiders Weib von Bessendorf"

StAR (wie Anm. 11) II/I/V/8/64
„18. Oktober 1616
Urgicht und gütliche und peinliche Examination Barbara Küefferin von Klüengen
Hexerei/8. Oktober 1616; exc. Samstag"

1618:

StAR (wie Anm. 11) II/I/V/8/67
„18. September 1618
Urgicht Michel Gauther von Beringen
Magie. feuer. exc. Samstag. 2 Ex."

StAR (wie Anm. 11) II/I/V/8/68
„18. September 1618
Urgicht Barbara Hengstallerin von Ratshausen
Hexerei. Feuer. exc. Samstag"

1623:

StAR (wie Anm. 11) I/2/82/3/1
„19. November 1623; Hernberg
Fürstlich Württembergischer Obervogt am Schwarzwald Jörg Freiherr zu Mößperg an Rotttweil"
Todschlag und Malefizfall zu Vockhenhausen. Zitation des Täters und der Angehörigen des Entleibten.

1625:

StAR (wie Anm. 11) II/I/V/8/70
„21. Juni 1625
Urgicht Anna Ottin von Rottweil
Ehebruch. Hexerei. Schwert. Feuer. exc. Samstag"

StAR (wie Anm.) II/I/V/8/71
„3. Juli 1625
Bekenntnis. Anna Schaubin von Epfendorf, die Rambsteinerin genannt, Hans Müllers Weib.
Hexerei.
Schwert. Feuer. exc. Samstag"

StAR (wie Anm. 11) II/I/V/8/58
„15. Juli 1625
Bekenntnis Barbara Schreinerin zu Leidringen gebürtig, zu Epfendorf wohnhaft
Hexerei. Feuer. exc. Samstag"

1626:

o. Sign.
„22. September 1626
Urgicht Maria Raißerin von Rottweil
Hexerei. Enthauptet und verbrennt."

StAR (wie Anm. 11) II/I/V/8/79
„4. August 1626
Bekenntnis Agnes Eckhartin von Rottweil
Hexerei. Schwert. Feuer. Freitag"

1629:

StAR (wie Anm. 11) II/I/V/8/80
„22. September 1629
Urgicht Hans Wilhelm von Schongau in Bayern

Magie."

StAR (wie Anm. 11) II/I/V/8/82
„12. März 1629
Urgicht Agnese Mantelin
Hexerei. Schwert. Feuer"

StAR (wie Anm. 11) II/I/V/8/84
„4. Mai 1629
Urfehde Barbara Dietschin aus Rottweil
Hexerei. Schwert. Feuer. exc. Samstag 12. 5. 1629"

StAR (wie Anm. 11) II/I/V/8/83
„4. Mai 1629
Urfehde Magdalena Schwarzin von Neufra
Hexerei. Schwert. exc. Samstag 12.5.1629"

StAR (wie Anm. 11) II/I/V/8/86
„22. Mai 1629
Urgicht Agnes Eyloffin aus der Altstadt
Hexerei. Schwert. Feuer"

StAR (wie Anm. 11) II/I/V/8/85
„21. Mai 1629
Extact aus Ursula Knollin von Lauffen gütlicher und peinlicher Bekenntnis
Hexerei"

StAR (wie Anm. 11) II/I/V/8/88
„2. Juni 1629
Urgicht Maria Allgewein von Rottweil
Hexerei. Schwert"

StAR (wie Anm. 11) II/I/V/8/87
„7. Juni 1629
Urgicht Katharina Maijerin
Hexerei. Feuer. exc. Samstag"

StAR (wie Anm. 11) II/I/X/10/1
„12. Juni 1629, Rottenmünster
Regest Johann Georg Ruolff von Rottweil für die urgichtliche Aussage der wegen Zauberei verhafteten Weibsperson Ursula Knollin erhalten."

StAR (wie Anm. 11) II/I/V/8/89
„19. Juni 1629
Urgicht Sabina Völckhlin von Mühlheim
Hexerei. Schwert. Feuer.
exc. Samstag"

StAR (wie Anm. 11) II/I/V/8/90
„7. August 1629
Urgicht Margaretha Herderin
Hexerei. Schwert. Feuer. exc. Montag"

StAR (wie Anm. 11) II/I/V/8/91
„17. September 1629
Urgicht Anna Biedermännerin von Wilflingen
Hexerei. Schwert. Feuer"

StAR (wie Anm. 11) II/I/V/8/92
„19. Oktober 1629
Urgicht Nothburga Burckhartin
Hexerei. Schwert. Feuer"

1630:

StAR (wie Anm. 11) II/I/V/18/4
„3. Juli 1630
Urgicht Hans Hirt, genannt Scherer, Dauchingen
Mißhandlungen, Diebstahl, Mord, Magie, Bestialität
Rad. Strang. Feuer. exc. Samstag"

StAR (wie Anm. 11) II/I/V/8/94
„16. Juli 1630
Urgicht Michael Baumann von Dauchingen

Unzucht. Magie. Schwert. Feuer. exc. Samstag"

1631:

StAR (wie Anm. 11) II/I/V/8/93
„5. Februar 1631
Urgicht Anna Grizerin von Schönberg, zu Neufra wohnhaft
Hexerei. Schwert"

StAR (wie Anm. 11) II/I/V/18/7
„11. März 1631
Urfehde Johann Jacob Pfister von Rottweil hat sich 'umb unchristlicher schwartzkünstlerey willen, durch mittell aineß fahrenden schulerß friderich Latumb genanndt', dem bösen Feind auf unterschiedliche Jahre lang mit seinem eigenen Blut verschrieben in Ansehung seiner noch blühenden Jugend ist ihm das Leben geschenkt worden, ist aber alsbald der Rottweiler Jurisdiktion entwiesen und hat sich über den Rhein begeben auf 6 Jahre."

StAR (wie Anm. 11) II/I/V/17/11
„11. März 1631
Urgicht Hans Lauffer von Weilersbach
Magie. Schwert. Feuer"

1643:

StAR (wie Anm. 11) II/I/V/20/6
„21. Juli 1643, u. 3. August 1643 i. R.
Inquisition der fünfer über Ursula, genannt das Hausener Weible. Hexerei. 7 Blatt. Hexenprozeß 1643"

1648:

StAR (wie Anm. 11) II/I/V/8/95
„26. September 1648
Extract Urgicht. Katharina Weissin zu Epfendorf, welche 26. September 1648 mit Schwert vom Leben zum Tod gerichtet und hernach ihr Körper zu Pulver und Asche verbrennt worden.
Hexerei. 2 Ex."

1659:

StAR (wie Anm. 11) II/I/V/8/96
„28./30. April 1659
Protokoll über den verhafteten Malefikanten Hans Winckhler von Laibschlet in der Schweiz halb badisch, halb Rollischen Adelischen Gebiets, [...] und Gesellen
Diebstahl. Bestialität und Magie/ der große ehrenhafte belente Rat der Reichsstadt Rottweil beschließt, Winckhler soll am Samstag auf d. gewöhnlichen Richtstatt auf einen Scheiterhaufen gesetzt, an einen Poul gebunden.
Strang. Feuer. Mai 1659"

1661:

StAR (wie Anm. 11) II/I/V/3
„1661
Criminalakten gegen Georg Sauter von Oberzell wegen Zauberei"

StAR (wie Anm. 11) II/I/V/3/2
„9./10./14. September 1661
Guot und peinlicher Bericht von Georg Sauter von Oberzell, seines Gewerbes ein Sailer oder Auswerfer so sich eine Zeitlang in Zimmeren ob Rottweil aufgehalten und der Zauberei oder Schwarzkunst alles verdächtig gemacht hat, guetlich und peinlich, auch vor siben darzue erforderten ehrlichen Männern bekhennt."

StAR (wie Anm. 11) II/I/V/3/3
„22. Oktober 1661 Rottweil
Urfehdt Georg Sautters von Oberzell, durch genugsame wohlbefugte Ursachen bekennt: ist ins Gefängnis gekommen und gut und peinlich examiniert worden und gefragt worden. auf Fürbitte der Geistlichen geringere Strafe leibl. Eid. keine Rache, sond. nach meiner ausgestandenen Strafe mich alsobald über den Rhein zu begeben, darüber mein Lebtag zu verbleiben und nicht mehr mein Lebtag herüber zu kommen und mich betreten lassen." Wenn er es täte, kann Rottweil überall gegen ihn als Meineidigen vorgehen. "dessen zu wahrem Urkund habe ich mit sond. Fleiß und Ernst gebeten und erbeten d. Hans Wolff Keller, Bürger allhier zu Rottweil, welcher seiner bürgerlichen Pflichten und Eides, soviel diese Sachen betrifft, entlassen worden, daß er meinen Namen, weil ich schreibens nit ersehen, diese Urfehd unterschreiben und sein Petschaft darauf gedruckt."

IV.2 Abkürzungsverzeichnis

Anm.	Anmerkung
b.	Batzen
Bd.	Band
Bde.	Bände
Bl.	Blatt
Bü.	Büschel
d.h.	das heißt
Ders.	Derselbe
Dies.	Dieselbe
Diss.	Dissertation
f.	folgende
ff.	folgende
fl.	ß / Florin
HDA	Handwörterbuch des deutschen Aberglaubens
hl.	Heller
hg.	herausgegeben
Hg.	Herausgeber
HStASt	Hauptstaatsarchiv Stuttgart
Jg.	Jahrgang
k.	Kreuzer
lb.	Pfund
masch.- schr.	maschinenschriftlich
Nr.	Nummer
o.D.	ohne Datum
o.S.	ohne Seitenangabe
o. Sign.	ohne Signatur
S.	Seite
StAR	Stadtarchiv Rottweil
s.v.	sub voce
RPR	Ratsprotokoll
RwHbl.	Rottweiler Heimatblätter
u.a.	unter anderem
übers.	übersetzt
v.	von
vgl.	vergleiche
z.B.	zum Beispiel

V. Quellen- und Literaturverzeichnis

V.1 Quellen

V.1.1 Ungedruckte Quellen

1. Österreichisches Staatsarchiv Wien

Abt. 1: Haus-, Hof- und Staatsarchiv (HHStAW)
Reichshofrat (RHR) Judicialia Antiqua, Karton 750/4.

2. Hauptstaatsarchiv Stuttgart (HStASt)

B 13-16
B 19
B 203 (Reichsstadt Rottweil)
B 203 L (Reichsstadt Rottweil)
B 204
B 494

3. Stadtarchiv Rottweil (StAR)

Die Armbruster-Bücher, Kopialsammlung aus dem Rottweiler Archiv vom Jahr 1590, angefertigt durch Hofgerichtsassessor W. Armbruster.

Armbruster, W., Protocollum aller Urgichten (1588)
Ders., Protocollum aller Urpheden (1588)

Bestand Amtsbücher (Rechnungen, Amtsprotokolle, Kontraktenprotokolle)

Criminalia (Urgichten und Urpheden)

Ratsprotokolle (RPR)

4. Stadtarchiv Oberndorf

Criminalia

5. Stadtarchiv Horb

A 299
A 311
A 312

6. Stadtarchiv Sigmaringen

HO 175

7. Stadtarchiv Villingen

Criminalia

8. Pfarreiarchive von
Epfendorf, Dietingen, Hochmössingen sowie Sterberegister der Pfarreien Heilig-Kreuz (1647-1678 und 1678-1708) und St. Pelagius in Rottweil (Kirchenbuch 1601-1720).

V.1.2. Gedruckte Quellen

Bodin, J., De daemonomania magorum, übers. von Fischart, J., Straßburg 1581.

Constitutio Criminalis Bambergensis, Bamberg [11]1580.

Crusius, M., Schwäbische Chronik, übers. von J.J. Moser, Frankfurt/Leipzig 1738.

Georg Gaissers Tagebücher von 1621-1655, in: Mone, F.J. (Hg.), Quellensammlung der Badischen Landesgeschichte, Karlsruhe 1854, II S. 159-528.

Michael Gaissers, Abt der Benediktinerabtei St. Georgen bei Villingen, Tagebuch, hg. vom Stadtarchiv Villingen, (masch.-schr.) Villingen 1978.

Goedelmann, G., Tractatus de magis, Nürnberg 1584, übers. als Von Zäuberen, Hexen und Unholden, Frankfurt a.M. 1592.

Günter, H. (Hg.), Urkundenbuch der Stadt Rottweil, Stuttgart 1896.

Koser, O. (Hg.), Repertorium der Akten des Reichskammergerichts. Untrennbarer Bestand, 2 Bde., Stuttgart 1936.

Lutz, R., Harmonia seu Historia sancta omniumque verissima de Christo Iesu Nazareno, Filio Dei ac vero Homine, hominumque servatore, iuxta seriem atque concentum historiographorum divinorum Evangelistarum quator ..., Basel 1561.

Ders., Wahrhaftige Zeitung von den gottlosen Hexen, auch Ketzerischen Teufelsweibern [...], Schlettstadt 1571.

Molitor, U., De lamiis et phitonicis mulieribus Teutonice unholden vel hexen, Straßburg 1489.

Nider, J., Formicarius, Paris 1519.

Paracelsus, Sämtliche Werke, hg. von Peuckert, W.-E., Darmstadt 1965.

Radbruch, G. (Hg.), Die Peinliche Halsgerichtsordnung Kaiser Karls V. von 1532, Stuttgart 1991.

Reinartz, M. (Hg.), Gebote und Verbote der Heilig Kreuz Bruderschaft Rottweil für die Dörfer Deißlingen, Dauchingen, Weilersbach und Mühlhausen. Eine Sammlung von Rechtsvorschriften aus dem 16. Jahrhundert, Villingen-Schwenningen 1987.

Sprenger, J./Institoris, H., Der Hexenhammer, hg. von Schmidt, J.W.R., Berlin 1993[3].

Spreter, J., Was von anruffen der heiligen, deren err, anbetten der bilder, christlichem und heidnischen wallen, wunderzeichen böser und guter, hexen und zaubereyen etc. zu halten sei, Straßburg 1537.

Ders., Hexen/Büchlein, das ist, ware entdeckung und erklärung oder Declaration fürnämlicher artikel der zauberey [...], Basel 1540.

Villinger Chronik, in: Mone, F.-J. (Hg.), Quellensammlung der Badischen Landesgeschichte, Karlsruhe 1854, S. 80-118.
Zimmerische Chronik, hg. v. Herrman, P., 4 Bde., Meersburg/Leipzig 1932.

Die Chronik der Grafen von Zimmern, hg. von Decker-Hauff, H.-M., Sigmaringen 1964-72.

V.2 Forschungsliteratur

Abel, W., Massenarmut und Hungerkrisen im vorindustriellen Europa, Hamburg/Berlin 1974.

Ahrendt-Schulte, I., Schadenzauber und Konflikte. Sozialgeschichte von Frauen im Spiegel der Hexenprozesse des 16. Jahrhunderts in der Grafschaft Lippe, in: Wunder, H. (Hg.), Wandel der Geschlechterbeziehungen zu Beginn der Neuzeit, Frankfurt a.M. 1991, S. 219 ff.

Aly, W., HDA I, Berlin/New York 1987^2, s.v. blasen, Sp. 1354-1360.

Bächtold-Stäubli, H. (Hg.), Handwörterbuch des deutschen Aberglaubens (HDA), 10 Bde., Berlin/New York 1987^2.

Baumgarten, A.R., Hexenwahn und Hexenverfolgung im Naheraum. Ein Beitrag zur Sozial- und Kulturgeschichte, Frankfurt a.M. 1987.

Beattie, J., Other cultures. Aims, methods and achievements in social anthropology, London 1992^5.

Becker, H.S., Außenseiter. Zur Soziologie abweichenden Verhaltens, Frankfurt a.M. 1973.

Behringer, W., Hexenverfolgung in Bayern. Volksmagie, Glaubenseifer und Staatsraison in der frühen Neuzeit, München 1987.

Ders., "Vom Unkraut unter dem Weizen". Die Stellung der Kirchen zum Hexenproblem, in: van Dülmen, R. (Hg.), Hexenwelten. Magie und Imagination vom 16. bis 20. Jahrhundert, Frankfurt a.M. 1987, S. 15-49.

Ders. (Hg.), Hexen und Hexenprozesse, München 1993².

Ders., Zur Geschichte der Hexenforschung, in: Lorenz, S. (Hg.), Hexen und Hexenverfolgung im deutschen Südwesten, Ostfildern 1994, Aufsatzband S. 93-146.

Bender-Wittmann, U., There and back again. Zum Verhältnis von Ergebnis, Fragestellung und diskursivem Rahmen am Beispiel der Lemgoer Hexenjagden, in: Wilberts, G./Schwerhoff, G./Scheffler, J. (Hg.), Hexenverfolgung und Regionalgeschichte. Die Grafschaft Lippe im Vergleich, Bielefeld 1994, S. 71-81.

Beth, K., HDA VII, Berlin/New York 1987², s.v. Schadenzauber, Sp. 969-971.

Betz, F., Wirtschaftliches und religiöses Leben in der Reichsstadt, in: Rottweiler Heimatblätter 31. Jg. (1970) Nr. 1, S. 1-4.

Blauert, A., Die Erforschung der Anfänge der europäischen Hexenverfolgungen, in: Blauert, A. (Hg.), Ketzer, Zauberer, Hexen. Die Anfänge der europäischen Hexenverfolgungen, Frankfurt a.M. 1990, S. 7-42.

Ders., Frühe Hexenverfolgungen in der Schweiz, am Bodensee und am Oberrhein, in: Lorenz, S. (Hg.), Hexen und Hexenverfolgungen im deutschen Südwesten, Ostfildern 1994, Aufsatzband S. 59-66.

Blickle, P., Zur Territorialpolitik der oberschwäbischen Reichsstädte, in: Stadt und Umland. Protokoll der X. Arbeitstagung des Arbeitskreises für Südwestdeutsche Stadtgeschichtsforschung, Calw, 12.-14. November 1971, hg. von E. Maschke und J. Sydow, Stuttgart 1974, S. 54-71.

Borchart, K., Grundriß der deutschen Wirtschaftsgeschichte, in: Borchart, K. (Hg.), Kompendium der Volkswirtschaftslehre, Göttingen 1975, I S. 359 ff.

Bossert, G., Johann Spreter von Rottweil, in: Blätter für württembergische Kirchengeschichte NF, 15 (1911) Heft 1 und 2, S. 103-125.

Brecht, M., Die gescheiterte Reformation in Rottweil, in: Blätter für Württembergische Kirchengeschichte 75 (1975) S. 5-22.

Brockhaus, F.A. (Hg.), Brockhaus Enzyklopädie, 20 Bde., Wiesbaden 1974[17].

Burkart, S., Geschichte der Stadt Rheinfelden bis zu ihrer Vereinigung mit dem Kanton Aargau, Aarau 1909.

Bürster, S., Beschreibung des Schwedischen Krieges 1630-1647, Leipzig 1875.

Caratiola, H.-P., Aus der Geschichte der Pfarrei Niedereschach, in: Reinartz, M. (Hg.), 900 Jahre Niedereschach 1086-1986. Niedereschach 1986, S. 327-386.

Chmielewski-Hagius, A., Wider alle Hexerei und Teufelswerk [...] vom alltagsmagischen Umgang mit Hexen, Geistern und Dämonen, in: Lorenz, S. (Hg.), Hexen und Hexenverfolgung im deutschen Südwesten, Ostfildern 1994, Aufsatzband S. 147-160.

Degn, C./Lehmann, H./Unverhau, D. (Hg.), Hexenprozesse. Deutsche und skandinavische Beiträge, Neumünster 1983.

Dehn, A., Stadtpfarrer Uhl von Rottweil, in: Rottweiler Heimatblätter 1 (1921) Nr. 12, S. 1-4.

Delumeau, J., Angst im Abendland, 2 Bde., Hamburg 1985.

Dillinger, J., Grafschaft Hohenberg, in: Lorenz, S. (Hg.), Hexen und Hexenverfolgungen im deutschen Südwesten, Ostfildern 1994, Aufsatzband S. 245-252.

Ders., Hexenverfolgungen in Städten, in: Franz, G./Irsigler, F. (Hg.), Methoden und Konzepte der historischen Hexenforschung, Trier 1998, S. 129-165.

Ders., "Böse Leute" Hexenverfolgungen in Schwäbisch-Österreich und Kurtrier im Vergleich, Trier 1999.

Domandl, S. (Hg.), Paracelsus und sein dämonengläubiges Jahrhundert. Salzburger Beiträge zur Paracelsusforschung, Wien 1988.

Duhr, B., Die Stellung der Jesuiten in den deutschen Hexenprozessen, Köln 1900.

Dülmen, R. van (Hg.), Hexenwelten. Magie und Imagination vom 16. bis 20. Jahrhundert, Frankfurt a.M. 1987.

Ders., Theater des Schreckens. Gerichtspraxis und Strafritual in der frühen Neuzeit, München 1988.

Ders., Die Dienerin des Bösen. Zum Hexenbild in der Frühen Neuzeit, in: Zeitschrift für Historische Forschung 18 (1991) S. 385-398.

Eckstein, F., HDA V, Berlin/New York 1987², s.v. Brot, Sp. 1590-1659.

Eith, C., Ortschronik der Gemeinde Villingendorf, Villingendorf 1957.

Elben, R., Das Patriziat der ehemaligen Reichsstadt Rottweil, Diss./Tübingen 1961.

Ernst, D., Hexen- und Zauberkräuter, in: Valentinitsch, H. (Hg.), Hexen und Zauberer. Katalog zur Steirischen Landesausstellung 1987, Graz/Wien 1987, S. 95-102.

Freudenthal, H., HDA IV, Berlin/New York 1987², s.v. Kerze, Sp. 1243-1255.

Ders., HDA V, Berlin/New York 1987², s.v. Licht, Sp. 1240-1258.

Fried, J., Freiwilligkeit und Geständnis um 1300, in: Historisches Jahrbuch 105 (1985) S. 388-425.

Fritz, T., Reichsstadt Reutlingen, in: Lorenz, S. (Hg.), Hexen und Hexenverfolgung im deutschen Südwesten, Ostfildern 1994, Aufsatzband S. 371-378.

Geiselhart, N., Zur Geschichte der Reichsstadt Rottweil im 30jährigen Kriege, Rottweiler Gymnasialprogramme, Rottweil 1899.

Geramb, V., HDA IV, Berlin/New York 1987², s.v. Kessel, Sp. 1255-1269.

Gering, H., Über Weisssagung und Zauber im nordischen Altertum, Kiel 1902.

Greiner, K., Paracelsus im Lande seiner Väter, in: Salzburger Beiträge zur Paracelsusforschung, Heft 2 (1961) S. 14 ff.

Grube, G., Die Verfassung des Rottweiler Hofgerichts, Stuttgart 1969.

Günter, H., Mittelalterliches Kleinstadttreiben, in: Reutlinger Geschichtsblätter 14. Jg. (1903) S. 4.

Güntert, H., HDA IV, Berlin/New York 1987[2], s.v. Katze, Sp. 1107-1124.

Haberlandt, A., HDA I, Berlin/New York 1987[2], s.v. Besenritt, Sp. 1147-1150.

Hansen, H. A., Der Hexengarten. Die Zaubertränke des Mittelalters und ihre Wirkung, München 1987.

Hansen, J., Zauberwahn, Inquisition und Hexenprozeß im Mittelalter und die Entstehung der großen Hexenverfolgung, München/Leipzig 1900.

Hecht, W., Die Johanniterkommende Rottweil, Rottweil 1971.

Ders., Rottweils Oberschicht und das Bergwerk Eisenbach im frühen 16. Jahrhundert, in: Rottweiler Heimatblätter 35 (1974) Nr. 3, S. 2 f.

Ders., Rottweil und sein Rang unter den deutschen Reichsstädten, in: Rottweiler Heimatblätter 35 (1974) Nr. 3, S. 4.

Ders., Ein Rottweiler Silberbergwerkversuch am Nordrand der Baar, in: Schriften des Vereins für Geschichte und Naturgeschichte der Baar 30 (1974) S. 154-163.

Ders., Der Hexenprozeß gegen das Pumpel-Annele im Jahre 1701, in: Rottweiler Heimatblätter 36 (1975) Nr. 2, S. 3.

Ders., Ergänzungen zur Rottweiler Druckereigeschichte im 17. Jahrhundert, in: Rottweiler Heimatblätter 36 (1975) Nr. 4, S. 3-4.

Ders., Pulver aus der Reichsstadt Rottweil (=Kleine Schriften des Stadtarchivs Rottweil 4), Rottweil 1977.

Ders., Das reichsstädtische Rottweil als Zentrum des Viehhandels, in: Rottweiler Heimatblätter 39 (1978) Nr. 4, S. 4

Ders., Eine Freundschaft durch die Jahrhunderte. Die Schweizer Eidgenossenschaft und Rottweil, Rottweil 1979[3].

Ders., Die Geschichte der Rottweiler Metzger, in: Rottweiler Heimatblätter 41 (1980) Nr. 5, S. 2 f.

Ders., Zur Erforschung der Wirtschaftsgeschichte der Reichsstadt Rottweil, in: Rottweiler Geschichts- und Altertumsverein e.V. (Hg.), 150 Jahre Rottweiler Geschichts- und Altertumsverein e. V., Rottweil 1981, S. 40-43.

Ders., Zur Situation der Sozialgeschichte der Rottweiler Reichsstadtzeit, in: Rottweiler Geschichts- und Altertumsverein e.V. (Hg.), 150 Jahre Rottweiler Geschichts- und Altertumsverein e.V., Rottweil 1981, S. 44-48.

Ders., Rottweil und die Städte am oberen Neckar, in: Quarthal, F. (Hg.), Zwischen Schwarzwald und Schwäbischer Alb. Das Land am oberen Neckar, Stuttgart 1984, S. 483-500.

Ders., Flößerei am oberen Neckar zur Saline Sulz, in: Sulzer Heimat (1986) Nr. 2, S. 1.

Ders., Dietingen als Dorf der Reichsstadt Rottweil (1412-1802), in: Burkard, H. (Hg.), Dietingen 786-1986. 1200 Jahre-Gemeinde-Jubiläum, Horb 1986, S. 45-63.

Ders., Dunningen und Seedorf unter der Reichsstadt Rottweil, in: Heimat an der Eschach. Dunningen, Seedorf, Lackendorf, hg. v. d. Gemeinde Dunningen, Sigmaringen 1986, S. 67-76.

Ders., Das Dominikanerkloster Rottweil (1266-1802), Rottweil 1991.

Ders., Aus der Geschichte des Rottweiler Spitals, in: Stadt Rottweil (Hg.), Spital. Das Alten- und Pflegeheim der Stadt Rottweil, Rottweil 1992, S. 5.

Ders., Steinmaske, in: Siebenmorgen, H. (Hg.), Hexen und Hexenverfolgung im deutschen Südwesten, Ostfildern 1994, Katalogband S. 136.

Heiss, G., Konfessionelle Propaganda und kirchliche Magie. Berichte der Jesuiten über den Teufel aus der Zeit der Gegenreformation in den mitteleuropäischen Ländern der Habsburger, in: Römische Historische Mitteilungen 32/33 (1990/91) S. 103-152.

Henkel, H., Strafverfahrensrecht. Ein Lehrbuch, Stuttgart/Köln 1953.

Hentig, H. von, Über das Indiz der Tränenlosigkeit im Hexenprozeß, in: Schweizerische Zeitschrift für Strafrecht 48 (1934) S. 368-381.

His, R., Die Geschichte des deutschen Strafrechtes bis zur Karolina, München 1967[2].

Hofer, J.B. von, Kurzer Unterricht über die äußere und innere Verfassung der Reichsstadt Rottweil, Rottweil 1796. ND hg. von E. Mack, Rottweil 1925.

Hoffmann-Krayer, E., Luzerner Akten zum Hexen und Zauberwesen, in: Schweizerisches Archiv für Volkskunde 3 (1899) S. 22-40, 81-122, 189-224, 291-329.

Holzauer, H., Handwörterbuch zur Rechtsgeschichte II, Berlin 1978, s.v. absolutio ab instantia, Sp. 388.

Hünnerkopf, R., HDA IX, Berlin/New York 1987[2], s.v. Weihwasser, Sp. 286-289.

Jacoby, A., HDA V, Berlin/New York 1987[2], s.v. Kreuz, Sp. 478-484.

Ders., HDA V, Berlin/New York 1987[2], s.v. Kreuzzeichen Sp. 535-562.

Jahn, E., Die Reformationsbewegung in der Reichsstadt Rottweil, Rottweil 1926.

Jerouschek, G., Die Hexen und ihr Prozeß. Die Hexenverfolgung in der Reichsstadt Esslingen, Esslingen 1992.

Jungbauer, G., HDA III, Berlin/New York 1987[2], s.v. Freitag Sp. 45-73.

Ders., HDA VI, Berlin/New York 1987[2], s.v. Mitternacht Sp. 418-439.

Keyser, E. (Hg.), Badisches Städtebuch, Stuttgart 1959.

Kieckheffer, R., Magie im Mittelalter, München 1992.

Kläui, P., Rottweil und die Eidgenossenschaft, in: Zeitschrift für Württembergische Landesgeschichte 18 (1959) S. 1-14.

Klein, A., HDA V, Berlin/New York 1987[2], s.v. Kreuzweg Sp. 516-529.

Knubben, T., Untersuchungen zu den Lebensverhältnissen in Rottweil im 17. Jahrhundert aufgrund von Nachlassverzeichnissen, Mag. Arb./Tübingen 1983.

Königlich statistisch-topographisches Bureau (Hg.), Beschreibungen des Oberamts Spaichingen, Stuttgart 1876.

Koerner, U./Danner, A./Müller, H. P., Geschichte der Stadt Oberndorf a.N., Oberndorf 1982.

Kramer, K.-S., Das Herausfordern aus dem Haus. Lebensbild eines Rechtsbrauches, in: Bayrisches Jahrbuch für Volkskunde (1956) S. 121 ff.

Ders., Nachrichten zum Komplex "Haus und Hof im Volksleben", vornehmlich aus Holstein, in: Kieler Blätter zur Volkskunde 2 (1970) S. 53 ff.

Ders., Grundriß einer rechtlichen Volkskunde, Göttingen 1974.

Ders., Schaden- und Gegenzauber im Alltagsleben des 16.-18. Jahrhunderts nach archivalischen Quellen aus Holstein, in: Degn, C./Lehmann, H./Unverhau, D. (Hg.), Hexenprozesse. Deutsche und skandinavische Beiträge, Neumünster 1983, S. 231 ff.

Krebs, M. (Hg.), Die Investiturprotokolle der Diozese Konstanz aus dem 15. Jahrhundert, in: Freiburger Diözesanarchiv (FDA) J. 66-74 (1939-1954).

Kronfeld, M., Donnerwurz und Mäuseaugen. Zauberpflanzen und Amulette in der Volksmedizin, Berlin 1898, ND Berlin 1981.

Labouvie, E., Hexenspuk und Hexenabwehr. Volksmagie und volkstümlicher Aberglaube, in: van Dülmen, R. (Hg.), Hexenwelten. Magie und Imagination vom 16. bis 20. Jahrhundert, Frankfurt a.M. 1987, S. 49-93.

Dies., Zauberei und Hexenwerk. Ländlicher Aberglaube in der frühen Neuzeit, Frankfurt a.M. 1991.

Dies., Verbotene Künste. Volksmagie und ländlicher Aberglaube in den Dorfgemeinden des Saarraumes (16.-19. Jahrhundert), St. Ingbert 1992.

Dies., Hexenforschung als Regionalgeschichte. Probleme, Grenzen und neue Perspektiven, in: Wilberts, G./Schwerhoff, G./Scheffler, J. (Hg.), Hexenverfolgung und Regionalgeschichte. Die Grafschaft Lippe im Vergleich, Bielefeld 1994, S. 45-60.

Lammert, G., Geschichte der Seuchen-, Hungers-, und Kriegsnoth zur Zeit des Dreissigjährigen Krieges, Wiesbaden 1890.

Langbein, J.H., Torture and the Law of Proof. Europe and England in the Ancien Regime, Chicago/London 1977.

Langen, C. von, Beiträge zur Geschichte der Stadt Rottweil am Neckar, Rottweil 1821.

Larner, C., Enemies of God. The Witch-hunt in Scotland, Baltimore (Maryl.) 1981.

Dies., Witchcraft and Religion. The politics of popular belief, Oxford 1984.

Laufs, A., Die Verfassung und Verwaltung der Stadt Rottweil, Stuttgart 1963.

Lehmann, H., Hexenglaube und Hexenprozesse in Europa um 1600, in: Degn, C./Lehmann, H./Unverhau, D. (Hg.), Hexenprozesse. Deutsche und skandinavische Beiträge, Neumünster 1993, S. 14-27.

Leist, J., Reichsstadt Rottweil. Studien zur Stadt- und Gerichtsverfassung bis zum Jahre 1546, Rottweil 1962.

Leist-Andre, M., Die Geschichte der Cordula Müllerin, Rottweil 1953.

Lorenz, S. (Hg.), Hexen und Hexenprozesse im deutschen Südwesten. Aufsatzband des Kataloges zur Ausstellung des Badischen Landesmuseums vom 17.09.1994 bis 08.01.1995, Ostfildern 1994.

Ders., Der Hexenprozeß, in: Lorenz, S. (Hg.), Hexen und Hexenverfolgung im deutschen Südwesten, Ostfildern 1994, Aufsatzband S. 67-92.

Macfarlane, A., Witchcraft in Tudor and Stuart England. A regional and comparative study, London 1970.

Maier, C., Die Anfänge der Hexenprozesse in Lemgo, in: Wilberts, G./Schwerhoff, G./Scheffler, J. (Hg.), Hexenverfolgung und Regionalgeschichte. Die Grafschaft Lippe im Vergleich, Bielefeld 1994, S. 83-106.

Marquart, A., Der ehemalige Scharfrichter zu Rottweil, in: Rottweiler Heimatblätter 8 (1928) Nr. 6, S. 4.

Marzell, H., Zauberpflanzen, Hexentränke, Brauchtum und Aberglaube, Stuttgart 1963.

Maschke, E./Sydow, J. (Hg.), Gesellschaftliche Unterschichten in den südwestdeutschen Städten, Stuttgart 1967.

Meckseper, C., Untersuchungen zur Stadtgeschichte im Hochmittelalter, Stutgart 1970.

Mehl, J., Aussatz in Rottweil. Das Leprosenhaus Allerheiligen der Siechen im Feld (1298-1810), Rottweil 1993.

Merckle, J.A., Das Territorium der Reichsstadt Rottweil in seiner Entwicklung bis zum Schluß des 16. Jahrhunderts, Stuttgart 1913.

Midelfort, H.C.E., Witch Hunting in South-Western Germany, Stanford 1972.

Ders., The social Position of the Witch in Southwestern Germany, in: Marwick, M. (Hg.), Witchcraft and sorcery, St. Ives 1982[2], S. 174-187.

Muchembled, R., Culture populaire et culture des élites dans la France moderne. XVe-XVIIIe siècles, Paris 1978.

Ders., Kultur des Volkes - Kultur der Eliten. Die Geschichte einer erfolgreichen Verdrängung, Stuttgart 1982.

Müller, K.-O., Zur Geschichte der Seuchen in Altwürttemberg, in: Zeitschrift für württembergische Landesgeschichte 4 (1940) S. 83-86.

Nesner, H.-G., "Hexenbulle" (1484) und "Hexenhammer" (1487), in: Schwaiger, G. (Hg.), Teufelsglaube und Hexenprozesse, München 1991[3], S. 85-102.

Nowotny, O., Paracelsus und das Hexenwesen, in: Domandl, S. (Hg.), Paracelsus und sein dämonengläubiges Jahrhundert. (=Salzburger Beiträge zur Paracelsusforschung), Wien 1988, S. 37-48.

Nüske, G.F., Reichskreise und Schwäbische Reichsstände um 1800, in: Historischer Atlas von Baden-Württemberg, hg. von der Kommission für geschichtliche Landeskunde in Baden-Württemberg, Erläuterungen zur Karte IV, Stuttgart 1978.

Ohngemach, L., Die Geschichte und Entwicklung des Rottweiler Spitals 1580-1640, (masch.-schr.) Zulassungsarbeit zum Staatsexamen, Tübingen 1985.

Ders., Das Rottweiler Heilig-Geist-Spital und weitere Spitäler im Landkreis Rottweil. In: Kreiskrankenhaus Rottweil. Neubaueinweihung 1987. Festschrift, hg. v. Landkreis Rottweil, Rottweil 1987, S. 45-75.

Orth, F., HDA VII, Berlin/New York 1987[2], s.v. Segen, Sp. 1582-1620.

Paulus, N., Reinhard Lutz, ein Schlettstadter Pfarrer des sechzehnten Jahrhunderts, in: Archiv für elsässische Kirchengeschichte 4 (1929) S. 137-150.

Philipp, G., Eisengewinnung und Eisenverarbeitung im süddeutschen Raum von 1500 bis 1650, in: Kellenbenz, H. (Hg.), Schwerpunkte der Eisengewinnung und Eisenverarbeitung in Europa 1500 bis 1650, Köln/Wien 1974, S. 220 ff.

Quarthal, F. (Hg.), Zwischen Schwarzwald und Schwäbischer Alb. Das Land am oberen Neckar, Stuttgart 1984.

Raith, A., Herzogtum Württemberg, in: Lorenz, S. (Hg.), Hexen und Hexenverfolgung im deutschen Südwesten, Ostfildern 1994, Aufsatzband S. 197-205.

Regelmann, U., Die Rechtsnatur der Armenfondspflege Rottweil, Diss. iur./Tübingen 1955.

Reichenmiller, M., Das ehemalige Reichsstift und Zisterzienserinnenkloster Rottenmünster, Diss./ Stuttgart 1964.

Reinartz, M., Zur Geschichte der Herrschaft Granegg und des Dorfes Niedereschach (1086-1986). In: Ders., 900 Jahre Niedereschach 1086-1986, Niedereschach 1986, S. 13-286.

Riegler, R., HDA III, Berlin/New York 1987[2], s.v. Hase Sp. 1504-1526.

Ders., HDA VI, Berlin/New York 1987[2], s.v. Maus Sp. 31-60.

Ders., HDA VIII, Berlin/New York 1987[2], s.v. Tiernamen, Sp. 864-901.

Ruckgaber, H., Geschichte der Frei- und Reichsstadt Rottweil, 3 Bde., Rottweil 1835-38.

Ders., Die Hexenprozesse zu Rottweil am Neckar, in: Württembergische Jahrbücher für vaterländische Geschichte, Geographie, Statistik und Topographie, 1. Heft (1838) S. 174-196.

Rühle, O., HDA IV, Berlin/New York 1987[2], s.v. Inkubus Sp. 695-696.

Rummel, W., Bauern, Herren und Hexen. Studien zur Sozialgeschichte sponheimischer und kurtrierischer Hexenprozesse 1574-1664, Göttingen 1991.

Schaffstein, F., Verdachtsstrafe, außerordentliche Strafe und Sicherungsmittel im Inquisitionsprozeß des 17. und 18. Jahrhunderts, in: Zeitschrift für die gesamte Strafrechtswissenschaft 101 (1989) S. 493.

Schauber, V./Schindler, H.M., Die Heiligen und Namenspatrone im Jahreslauf, München 1985.

Schellhorn, P., Beiträge vornehmlich zum Privatrecht der Reichsstadt Rottweil a. N. nach dem Rechtsbuch von 1546, (masch.- schr.) Diss./ Tübingen 1923.

Schild, W., Effigie, in: Hinckeldey, C. (Hg.), Justiz in alter Zeit, Rothenburg o.d.T. 1984, S. 287-296.

Ders., Scharfrichter, in: Hinckeldey, C. (Hg.), Justiz in alter Zeit, Rothenburg o.d.T. 1984, S. 279-288.

Ders., Hexenglaube, Hexenbegriff und Hexenphantasie, in: Lorenz, S. (Hg.), Hexen und Hexenverfolgung im deutschen Südwesten, Ostfildern 1994, Aufsatzband S. 11-47.

Schindler, N., Die Entstehung der Unbarmherzigkeit, in: Schindler, N. (Hg.), Widerspenstige Leute. Studien zur Volkskultur in der frühen Neuzeit, Frankfurt a.M. 1992, S. 258-314.

Schleichert, S., Vorderösterreich: Elsaß, Breisgau, Hagenau und Ortenau, in: Lorenz, S. (Hg.), Hexen und Hexenverfolgung im deutschen Südwesten, Ostfildern 1994, Aufsatzband S. 219-230.

Schmid, M., Der Scharfrichter von Biberach, in: Lorenz, S. (Hg.), Hexen und Hexenverfolgung im deutschen Südwesten, Ostfildern 1994, Aufsatzband S. 411-415.

Schneider, A. M., HDA VIII, Berlin/New York 1987[2], s.v. Vaterunser Sp. 1513-1515.

Schneider, K., Dunningen im Oberamt Rottweil. Beschreibung und Geschichte, Dunningen 1927 (masch.-schr. vervielfältigt).

Schormann, G., Hexenprozesse in Deutschland, Göttingen 1981.

Schröder, R./Frh. von Künßberg, E. (Hg.), Deutsches Rechtswörterbuch, Weimar 1914.

Schünke, W., Die Folter im deutschen Strafverfahren des 13. bis 16. Jahrhunderts, Diss./München 1952.

Segl, P. (Hg.), Der Hexenhammer. Entstehung und Umfeld des Malleus Maleficarum von 1487, Köln 1988.

Selig, Th., Zur Geschichte der ehemals rottweilischen Gemeinde und Pfarrei Dauchingen, Bezirksamt Villingen 1904.

Siebenmorgen, H. (Hg.), Hexen und Hexenverfolgung im deutschen Südwesten. Katalogband zur Ausstellung des Badischen Landesmuseums Karlsruhe vom 17.09.1994 bis 08.01.1995, Ostfildern 1994.

Soldan, W.G./Heppe, H., Geschichte der Hexenprozesse, hg. von M. Bauer, Hanau 1968/69.

Speh, J., Beiträge zur Reformationsgeschichte des oberen Neckargebietes: Rottweil und Hohenberg, (masch.-schr.) Diss./Tübingen 1920.

Steinhauser, A., Officina Historiae Rottwilensis oder Werkstätte der Rottweilischen Geschichte, Rottweil 1950.

Ders., Die Rottweiler Stadtbefestigung von der Stauferzeit bis zum Dreißigjährigen Krieg, Rottweil 1976.

Stumm, L., Nikolaus Manuel Deutsch aus Bern als bildender Künstler, Basel 1925.

Tantsch, W.K., Deutsche Teufels- und Hexennamen aus Urgichten des XV. bis XVIII. Jahrhunderts, Heidelberg 1956.

Thomas, K., Religion and the Decline of Magic. Studies in popular beliefs in sixteenth and seventeenth century England, Harmondsworth 1971.

Thompson, S., Motif-index of folk-literature, 6 Bde., Kopenhagen 1955-58[2].

Thudichum, F., Geschichte der Reichsstadt Rottweil und des Kaiserlichen Hofgerichts daselbst, Tübingen 1911.

Tiemann, K.A., HDA V, Berlin/New York 1987[2], s.v. loben, Sp. 1311-1316.

Trevor-Roper, H., The European witch-craze of the 16th and 17th centuries, London 1988[4].

Tüchle, H., Kirchengeschichte Schwabens, Stuttgart 1954.

Ders., 750 Jahre Reichsstift Rottenmünster, Rottweil 1975.

Vater, W., Bauernkrieg, Reformation und Ansätze zur katholischen Reform in der Reichsstadt Rottweil, (masch.-schr.) Zulassungsarbeit zum Staatsexamen, Freiburg 1964.

Vries, H. de, Über die sogenannten Hexensalben, in: Salix-Zeitschrift für Ethnomedizin 2 (1986) S. 17-43.

Wächter, O., Vehmgerichte und Hexenprozesse in Deutschland, Stuttgart 1882.

Walz, R., Hexenglaube und magische Kommunikation im Dorf der frühen Neuzeit. Die Verfolgung in der Grafschaft Lippe, Paderborn 1993.

Weber, E.E., Der dreißigjährige Krieg und die Bevölkerungsentwicklung des Rottweiler Territoriums, in: Rottweiler Heimatblätter (1988) Nr. 4.

Ders., Reichsstädtische Landesherrschaft im 17. Jahrhundert - Das Kirchenregiment des Rottweiler Magistrats gegenüber der Landschaft, in: Rottenburger Jahrbuch für Kirchengeschichte Bd. 8 (1989) S. 219-239.

Ders., Städtische Herrschaft und bäuerliche Untertanen in Alltag und Konflikt. Die Reichsstadt Rottweil und ihre Landschaft vom 30jährigen Krieg bis zur Mediatisierung, Rottweil 1992.

Weiser-Aal, L., Zum Hexenritt auf dem Stabe, in: Weiser-Aal, L. (Hg.), Festschrift für M. Andree-Eysn, München 1928, S. 64-69.

Dies., HDA III, Berlin/New York 1987[2], s.v. Hexe, Sp. 1827-1920.

Wiegelmann, G., Herausfordern aus dem Haus in der industriellen Welt, in: Köstlin, K./Sievers, K.D. (Hg.), Das Recht der kleinen Leute. Beiträge zur rechtlichen Volkskunde, Berlin 1976, S. 267 ff.

Wilberts, G./Schwerhoff, G./Scheffler, J. (Hg.), Hexenverfolgung und Regionalgeschichte. Die Grafschaft Lippe im Vergleich, Bielefeld 1994.

Wunder, H., Die ländliche Gemeinde als Strukturprinzip der spätmittelalterlichen-frühneuzeitlichen Geschichte Europas, in: Blickle, P. (Hg.), Landgemeinde und Stadtgemeinde in Mitteleuropa, München 1991, S. 385-402.

Zeck, M.R., Reichsstadt Rottweil, in: Lorenz, S. (Hg.), Hexen und Hexenverfolgung im deutschen Südwesten, Ostfildern 1994, Aufsatzband S. 381-388.

Zeeden, E.W. (Hg.), Repertorium der Kirchenvisitationsakten aus dem 16. und 17. Jahrhundert in Archiven der Bundesrepublik Deutschland, Bd. II Baden-Württemberg, Stuttgart 1984-87.

Zimmermann, W., Kirche, Obrigkeit und Bevölkerung in der frühen Neuzeit. Rottweil vor Gott. Das Bild der Stadt im großen Fürbittgebet von 1588, in: Maulhardt, H. (Hg.), Pfarrei Heilig Kreuz Rottweil. Aspekte und Stationen ihrer Geschichte, Rottenburg 1991, S. 18-19.

Zeitfracht Medien GmbH
Ferdinand-Jühlke-Straße 7
99095 Erfurt, Deutschland
produktsicherheit@kolibri360.de